编 委 会

目 录

想那株桂花树的时候

001

今夜，窗帘飘动

又是一年缤纷时

请记住那一抹暗香

爱上那片云

想那株桂花树的时候

在我想放弃的时候，教练给我的鼓励、我对自己的肯定、对现状的冷静分析，都给了我坚持下去的信心。放弃希望，放弃努力，那将一无所成。拼搏下去，奋斗下去，想放弃的时候，想想自己长久以来的努力，我都会对自己说：我能行！

想那株桂花树的时候

文 彤

　　我的房间窗外有一棵桂花树。那是一株四季桂，终年绿着叶子，只不过那绿，绿得深沉。这树不太受我待见，因为它时常招来小虫子。唯独让我有些喜欢的是它开花时，我的房间里溢满了花香。外婆很喜欢这株桂花树，时常听她念叨这棵平凡的树。由于平时与外婆交流甚少，我也从未问起她为何爱这树。但时间久了，想外婆的时候，就会想起那株桂花树，反之也如此。

　　又是一年花香时，当看到那细碎的金琼又隐匿在绿叶间时，外婆的身影又浮现在我脑海中。那是一个有些佝偻的、矮小的老人。她年轻时的不幸经历铸就了她坚韧的品质，无论生活给了她多大的困难，她总是一个人将这些扛在肩头，为子女撑起一片天。我一直很好奇，外婆的心为何如此坚强。

　　一场突如其来的秋寒冻伤了许多植物，我本以为拉开窗帘时，会看到这株桂花树一副"花落知多少"的样子，可结果却是那些细细小小嫩黄的花还在有些寒意的风中摇曳，时不时送来阵阵沁人心脾的芬芳。这般坚韧，像极了我那少言慈祥的外婆啊！这树在我心中一下就变得温暖起来。当我想这棵桂花树的时候，总会想起外婆。时间久了，虽然与外婆的交流不多，但是似乎也与这个老人家的心越来越亲近了……

几日后的一个清晨，我拉开窗帘，却看到一幅触目伤怀的景象：夜里的一场大雨，打掉了桂花树上的大部分花，一地的碎琼斑黄一片，树上所剩无几的花儿也没了往日的生气，泛着憔悴而忧伤的棕色。我下意识地走出房间去寻找外婆，却发现她一个人蜷缩在沙发上，身体有些轻微的抽搐。走近才发现，外婆哭了，因为她的母亲——我的太婆婆就在那个雨夜过世了。不知怎么的，我突然开始想念那株桂花，想着昨夜的雨点打击着它的声音，耳畔还是外婆的泪水滴至地板上的细微的"吧嗒"声，令我惊奇的是，这两种声音完美地交融了。

当我回头去看外婆时，她已经收起了悲伤，干起了家务，给我做早餐。回到房间里，窗外的桂花树在阳光的照耀下已褪去了刚才的黯然。虽然没有了那些细碎的花，可那深沉的绿叶与有力的树干却昭示着它的坚强、坚韧。

我从未像现在这样，在想这株桂花树的时候，如此思念外婆。

这声音唤醒了我

刘霁萱

家中老宅，临街，从早到晚车辆川流不息。每个清晨的我都伴着这样的声音而醒。

对我来说，是这声音唤醒了我。

起初是烦躁的，每个想多睡一会儿的困倦早晨，都被这不成调子的"马路交响曲"吵醒，只好不耐烦地跳下床，重重地把窗帘拉上，再忙不迭地上床，抱着温暖的被子小睡一会儿。

这样的情形在酷热的暑假愈演愈烈，暑假，本应休息的我仍要早起，赶着上一天繁重的补习班。连在路上都困得睁不开眼睛的我，可想而知，对那些车辆的鸣笛声，自行车的拨铃声，已然深恶痛绝。这样的心理，表现出来的自然是越锁越紧的眉头和越来越暗沉的脸。

直到有一个现在想起来都觉得普通的日子。

是日，早晨七点，晴。不知是哪辆小车"滴滴"大声摁着喇叭，又或许是公交车进站，却喊着"倒车请注意，倒车请注意"。我拿起手表的一瞬，一辆自行车过境"丁零零……""唉——"我长叹一口气，认命看着指向"7"的指针，准备洗漱出发。

拖着沉重的脚步，我走出巷口。天气仍旧不管不顾的好着，隔壁邓奶奶提着菜篮，笑着说："天气真好啊！"临了还不忘问一句："今天还要上课去？"我只能微笑点头。

又抬头看了一眼灼目的阳光，火辣的太阳，似乎是耳边的"马路交响曲"放大了音量。阳光与"滴滴""丁零零……"的碰撞，像是能产生火花，"嘶啦啦……"在空中爆响，带来几分人间的烟火气。

此刻的我仿佛处在什么全息影像中，眼前是蒸包子的大妈，刚刚端出腾腾冒气的包子；是骑薄荷绿单车的少年，一闪随风地过去。耳畔是汽车的鸣笛声，跟着奶奶买菜的小孩咿咿呀呀的学语声；鼻腔里是7月刚下完雨的清新空气。

没有什么特殊的诱因，似乎只是这柏油马路上驶过的声音，唤醒了我对这生活美好的感知。

我只是被这声音唤醒。

唤醒了对7月的热爱，对生活的微笑。

我只是突然开始感激。

感激这人间烟火味的"马路交响曲"，感激着我能这样生活着，充实地，欢快地。

如果马路开始喧闹，就让这声音把我唤醒。

生命的真谛

方越宁

"咚"。

手指轻点琴键，音符如滑入深潭的滴水般清脆透明。余音袅袅，震荡着耳膜也震荡着心弦。我愣住了，方才暴风骤雨般的演奏戛然而止时，世界也沉默了。

小时候起，老师和父母都常谈梦想。人有了理想与目标才能够倾尽全力活下去，去实现自己的梦。然而梦想，对于年幼的我来说还过于空洞和深奥，每天挂于嘴边的无非是多要一颗糖的天真。偶尔仰面对着悠闲散步无所事事的云，我甚至误以为自己也飞上了天。

爸妈很偏爱古典音乐，热爱着自由传达自己的演奏家们。我总是无心欣赏摇头晃脑的人群，低头放空自己。全场熄灯时我隐约感觉有人迈着稳健的步伐走上舞台，人群有了躁动。大概是个很厉害的人吧，我想。

一瞬，全场灯光忽地亮起，刺得我睁不开眼，耀眼的光芒下一个身着礼服的孩子伴着闪闪发光的黑色钢琴。手指与键盘相接猛地爆发出一串流畅连贯的音符，如炮火般冲进我的耳中，准确打中了中心。

我感受到心跳随着这紧凑的旋律加速。"咚咚，咚咚"，台上的人手指飞快跳跃，每一个音符飞出都犹如子弹般快准狠，而他恰似老练的机枪手，瞄准人心，在枪林弹雨中奋勇向前。音符从未断过，直逼人眼时又猛地一收，人心提到嗓子眼儿又被生生压回。

转眼的一小会儿，台上的人似乎摇身一变，从枪弹中冲出重围，沐浴在阳光下。刚刚如枪杆般尖锐的音符转而变成柔软的丝带萦绕全身。柔和的音色轻抚着被击中的胸膛，阳光中我似乎看见花海中一个追逐蝴蝶的孩子拼命伸出双手想要触碰蓝天，自己所憧憬的事物，想要去完成的事就在这片天空中，跑起来，跳起来，去抓住那束光芒！

我一动不动地呆在那里，心潮澎湃，从枪林弹雨到阳光静好的转变让我窒息。台上的他用琴声唤醒了我，梦想就是穿过重重险阻后无垠天空中的那束光芒，是心潮澎湃的感觉，是动心的瞬间。并不遥远，并不深奥，就在自己心里，只差变为白云时的一个回眸，去看整个世界。

曲终了，我却睁开了双眼。

声音的魅力

陈景星

那一刻，我发觉人世间的真善美是多么让人动容，让人心生温暖。

新一天的旅程开始了，我们按照计划来到市中心的基督教堂。这天阳光很好，走在树影斑驳的绿荫大道上，抬头望去，一栋高大的白色建筑赫然伫立在眼前。我们怀着沉静之心走进去，看见各式精美的琉璃窗在阳光的映射下跳跃着闪烁的光点，透过每一小块细碎而又艳丽的彩色玻璃，太阳光仿佛也被赋予了神的圣洁和美好。圣坛立柱上的十字架和教堂中央的雄鹰立柱让我感受到前所未有的神圣和威严。在这里，我没听见唱诗班的歌声，也没有众人的喧闹声，只有基督教徒的默默祷告声和游客轻轻的脚步声。教徒们每人身边都摆放着厚重的《圣经》，我不禁感叹他们的虔诚。基督教的力量真的这么强大吗？很久以前我疑惑过。

没错，当正午的钟声响起，这样的疑惑被我打消。"当——当——当"，当第一声钟声响起，我看到不论是教徒们还是游客都静静肃立。强烈而激动人心的声音响彻整座教堂，空阔的大厅不时传来阵阵回音，我立即为之感到震撼。闭上眼仔细听那钟声，我的思绪飘了很远……几十年前，南京全城被灰霾笼罩的日子里，基督教堂收留了无数的遇难同胞们，有嗷嗷待哺的婴儿，有举步维艰的老人，还有历经风尘的女子。在正义面前，教堂伸出了援手，这份仁爱与包容，这份坚守与信念，让无数人感激不尽。同是基督教堂，我参观的这所当年曾被改建为救死扶伤的紧急医院，也帮助了一些因日军攻陷南京而受迫害的新加坡人，也许，他们并未能幸免于难，但这里让他们心生温暖，对明天又多了一丝希望。

在这钟声里，我听到了仁爱、真诚和善良，听到了无数教徒的信仰，神圣和威严并不是凌驾于世俗的，它们以"上帝保佑你"之名带给人间无私的爱。不是基督教徒的我被教堂钟声深深打动，这是多么美好的一次体验。

窗边角落里，一位头发花白的老者双眼紧闭，就静静地坐在那里，微风吹起他稀少的发丝。我也静心聆听，听见风吹过的声音。

耳畔，是久久不能忘却的钟声。

一个声音回响在耳边

蒋紫燕

声音，其实是奇妙的。在漫漫人生路中，总有一个声音，鼓励着你，让你大胆地迈向舞台。

我总是特别害羞。即使是已经相处了五年的同学，我也总是很少和他们交流。我是班级的中队长，可做事却总是犹豫，不敢在大家面前大声说话。可万万没想到，她，我最好的朋友，却用她那甜美的声音鼓励并改变了我。

学校竞选大队委，所有班级的中队长必须参加这次竞选。我慌了，担心会有什么差错。在我手足无措之时，她却来到了我的身边。她拍了拍我的肩膀，用那甜美的嗓音鼓励着我："别担心，你可以的。"我愣了一下，"你可以的"这四个字一直在我的耳边萦绕。在所有同学都认为我会因为害羞而与大队委失之交臂的时候，她却用话语鼓励我，选择相信我。

可能是因为她的鼓励，我在家中做好了十分的准备，演讲稿也被我背得滚瓜烂熟。终于，这一天还是到来了。当主持人报到我的名字时，我猛然起身，紧张感蔓延到全身。我一遍又一遍地暗示自己不要紧张，相信自己。可当我从主持人手中缓慢地接过话筒时，我又不禁冒了冷汗。我的大脑一片空白，忘记了演讲稿的内容！我手上早已有了不少汗，急得内心如一团火在燃烧。无意瞥了一眼，看见她正站在门口。她用眼神向我示意，樱桃小嘴微张，用唇语又一次说了那句鼓励我的话："你可以的。"尽管这是无声的鼓励，但此时无声更胜有声。我的内心竟然平静下来，演讲稿的内容也如泉水一般从脑中冒出。我，带着她那鼓励的声音，流利地讲完了演讲稿内容。现场顿时一片掌声，我平静地走下了舞台。结束之后，她露出甜甜的微笑，怕我会因为选不上而自暴自弃，她又一次用声音鼓励了我："特别棒，不管结果如何，在我心目中你是最棒的。"我感动万分，而事实证明我也没有让她失望，我成功地当选了大队委。

其实，我之所以成功，是因为这声音鼓励了我。她如阳光一般，温暖我内心的冰冷。声音是奇妙的，它不仅鼓励了我，还给予了我喜悦与勇气。人就应当被鼓励，才能激发潜能。

这声音，鼓励了我。有你，有你这鼓励我的声音，真好！

009

别急着说不可能

晓 星

生活是扑朔迷离的，它给你一些，也拿走一些；让你快乐一阵，也会让你痛苦一阵。它的奇妙之处就在于，看似不动声色，却让每个人都过得不尽相同。所以，面对生活，别急着说不可能。

我至今都不会忘记那节科学课。

科学老师手提了一篮子的石子和一个空塑料瓶走进教室，我们都被她神秘的举动吸引，刚刚还唧唧喳喳的教室霎时间鸦雀无声。只见老师选了很多大石块往瓶子里放，一块、两块、三块……差不多装满了，老师问："你们觉得瓶子还能容下别的东西了吗？"眼尖的同学一下就发现了瓶子里多余的空间，我也觉得并未装满。"能容下。"我们迫不及待地齐声说道。"很好！"老师说着，又挑选了几个小石子扔进塑料瓶里。那些石子顺着缝隙滑落，挤在两块大石块之间，仿佛肩负着填满空隙的使命。"可能再填别的东西了吗？"看着满载着的塑料瓶，"它已经装满了"的想法从我的脑海中焦急而顽皮地蹦了出来，耳畔是几个男生的急迫回答："不可能！"

老师微微一笑，顺手拿来一瓶沙土。这时，我明白了她的意思。果真，那些颗粒细小的沙子动作敏捷地溜进了空隙之间。再抖几下瓶子，又有许多石子混着沙土沉在瓶底。老师向我们展示这沉甸甸的塑料瓶时，大家都惊诧得说不出话来，教室里又是一片沉寂。

"那这一次，你们觉得装满了吗？"大家吸取了教训，在认真思考后回答道："没有。""不错。还有更多的东西可以装下，在此我也不再做实验了。"老师笑着看我们，继续说："今天这堂课我想告诉你们，在进行科学实验时，对于未知都要持怀疑的态度，也就是说不能轻易下结论。当你有足够的实验结果来论证时，你才可以说'不可能'或'一定可以'。"我若有所思地点点头。"在生活中，你们会遇到太多未知的困难，千万别急着说不可能，不到最后一刻别轻易放弃！……下课！"

是啊，别过早地给这个世界下定论，别急着说不可能。我们不能分辨事物的多面性，就得抛开干扰因素据理分析。做题时如此，实验时如此，生活中亦如此。

当我们能够对自己说——"别急着说不可能"时，我们才能冷静分析、沉着应对，才可以探寻到真正的答案。

别急着关门

陈亦非

依稀记得，从那天起，我心中有一扇门被打开了。

大约是一个明媚的下午。片片云影投在地上游动，给我带来奇妙的视觉感受，帮我啃食着等待公交车的时光。

"呜——"刹车声在耳边响起。上车之后，挑了个阳光饱满的位子坐下。车上没有多少人，他们散开坐，干着自己的事情。突然身体猛地前倾，把我的注意力集中了起来——到了另一个车站，上来了一位老人。他的后脚刚刚抬起，车门便迅速关上。仿佛慢一秒老人的脚就会被咬住。车子启动，老人伴着颠簸走向座位。不难从他的面容看出他所经历的沧桑，左腿的不协调让他步履维艰。眼看着他坐下来，我心中不知为何才松一口气。过了一段时间，又是一股猛劲把我拉出自己的思绪。这时的车门前没有人准备下车，然后便再次关上。当发动机的声音响起时，那个老人才颤颤巍巍地走到车门处。

"是要下车么？"我心想。

但就在这时，一个洪亮的声音响起——"别急着关门！还有人！"

发动机停止躁动，车门再次打开。我扭过头找到了那位好汉，这个大叔甚至还起身准备去搀扶老人。望着老人摇晃远去的身影，大叔才缓缓坐下。我看向窗外，心中总感觉有一些东西在浮动。

到了家，我忍不住跟妈妈诉说了这种奇怪的心理。妈妈微微一笑，什么都没说，却突然对我讲了一个故事："当年我在新泽西做调研的时候（妈妈是建筑系老师），那里很多建筑工人都是从亚洲来的，他们要工作到晚上七点才休息。离工地不远处有家快餐店，也是唯一一家快餐店——我经常去那买咖啡，所以也经常遇到一些工人去买晚饭。大概是美国当地要过一个节日，所以有一天店铺打算提前打烊。我赶紧结了账走出店铺坐在门口喝咖啡。这个时候，我就听见类似争吵的声音。我正想往店铺里瞅一下，老板娘就突然从店里冲出来，等她走远我才发现店铺里还有一名员工——一个中国小伙子。他是在当地留学来这里打工的。他希望老板娘那天别提前关门，只为等那些工人下班可以有地方买晚饭。他愿意一个人收银和制作，如果出了任何事他都愿意负责。"

听完这个故事，我才理解，心中的悸动原来是人性，或者说是善良。它的载体是一扇门。现在，它被轻叩开了，向外敞放。

"不要关上你的门，抹灭最后的希望。"我的心好像这么说。

我本以为美好的世界，其实已经被一些人想要的私欲和闭而拒之变得有些污秽，对无情的现状熟视无睹。但与此同时，也有人果断地敲开一扇又一扇的门，突破延续的障壁……去打开更多的门。

像是迷路那般，行到水穷处，别急着关上你的门。

别着急前行

魏 菜

　　快节奏的时代，我们被时间推着赶着向前。可少有人对你说：别急着前行。

　　清晨，我叼着一片面包，大步流星地跨出门，"砰"的一声把母亲的叮咛关在门内，奔跑在上学路上，可一看手表，呀，记错时间了，还早呢。我便放慢脚步，慢悠悠地走着。

　　清晨，城市刚从一夜美梦中苏醒，阳光慵懒地照着，一切仿佛都慢了下来，阳光凝滞，缓缓流淌，迎面扑上来一只又丑又蠢的小狗，傻得可爱，冲我撒欢儿。我同牵着狗链的大姐姐笑着问好，她也冲我笑，温柔地帮我理了理衣领，说："别急着赶路，还早呢。"她的指尖微凉，却暖了我的心房，阳光照在我的头发上，春风和煦吹来，我缓步向前，仿佛下一秒便和风而去，路边，脚下，野花此时也让我格外珍惜。别急着前行。竟让我空出心思欣赏这从不能引起我注意的小花儿了，此刻看看，倒也是美的。起早上学的小妹妹和她的爸爸你一言我一语。是童真俏皮的争辩，小妹妹像一朵盛开的鲜花，揪着爸爸的衣角，她不急着长大，她的爸爸低头温柔地看着她。儒雅的人儿此时是大怪兽，是温暖的恶龙，这个男人不急着处理公事，他还有很多时间陪着他的公主长大。再往前走是那对老夫妇。已经走不动啦。他们缓缓走过的一生刻进他们的皱纹里，那叫岁月。他们戴着绒线帽，靠着摇椅手牵手悠悠地摇。他们不急着做什么，他们坐在阳光下活在当下。一条老狗伏在他们脚下打着呼噜。

　　真好啊，这一切的一切，我从未注意过的一切，在每天的上学路上，被我急切的前行而抛至脑后的一切。

　　有多久了呢？我没有耐心去听妈妈的话，我不再理会爸爸一字一句的教导。每个奶奶打来的电话，我都推托敷衍。我急着前行。奔跑着，却恍然发现，他们已老，在道路的那头。他们再没有力气追上我的脚步。

　　别急着前行，把时光酿成一壶好酒，发酵沉淀自己。不要太过匆忙，不要太过紧张。让自己盛开，而不是在还没有准备好时，将青涩的我们早早丢进不适宜的地方。更别忽略了一路走来，那一个个你没能抓住的小确幸。别急着前行，我们慢慢来。

　　姑娘，别急，别急。

014

别急着追求成功

罗子睿

　　是一个黄昏，一个人回家的黄昏，路上的人们三五成群地边走边聊，更衬着我的孤单。

　　背着沉重的书包，我开始思考，每天早出晚归，昏天黑地只知道学习的生活有什么意义，而且最终成功的人寥寥无几，我们不过是追求成功路上的失败者罢了。想到这，我的心情更加压抑苦闷。

就这样一路沉闷到了家。

大抵是心情不佳，所以脸色也不好。一进家门，妈妈似是看出了我的不悦，连忙问我怎么了，是不是身体不适。我只是淡淡地说："没事，就只是累了。"我看见妈妈嘴唇动了动，似是想说什么，却还是走开了。

晚饭吃完，我回房间写作业，妈妈突然进来，手中端着一盘削好切好的苹果，坐下来，对我语重心长地说了许多。

……

深夜，写完作业的我躺在床上享受着对我而言每天最美的时光，脑海中却是与这静谧深夜完全不同的景象，妈妈的话不断回响在耳边："女儿，妈妈知道你很累很辛苦，可是奋斗前进的路上总是布满荆棘的，妈妈一直相信你一定可以战胜它们。记住，别急着追求成功，一定要先脚踏实地，一步一个脚印，加油，妈妈相信你可以更好。"

是啊，别急着追求成功。"天将降大任于斯人也，必先苦其心志，劳其筋骨，饿其体肤，行拂乱其所为，所以动心忍性，增益其所不能。"连鲍叔牙、孙叔敖这样才华横溢的人也经历了诸多苦难，未曾放弃，踏踏实实做好自己的事，我又有什么理由放弃呢？

妈妈的教导让我感慨万千，我忽然明白真正让我疲惫不堪的是我那急于求成的心。可是人生不可能一帆风顺，我所能做的，只有做好自己，不断进取，勇于挑战。

别急着追求成功，先脚踏实地做好该做的事，这样才有资本才有底气去追求成功。

别急着追求成功，当你足够优秀的那一天，成功自会向你走来。

灯光的温暖

唐小钦

通往小区的那条细窄的巷子中，本有一盏忽明忽暗的灯，虽破旧，总也能照着点儿路。但最近，可能由于年代久远，无人修理，那历经沧桑的灯，却再发不出一点儿光亮。

连续走了几天小巷，都是接近傍晚的时候，天也有些阴沉，没有灯光的巷子总觉得有些阴森可怕。

一个星期五的晚上，因为下课时间较晚，连巷口的铺子也早就关了门，那条小巷更显阴森恐怖。借着微弱的银白月光，我一头扎进了漆黑的巷口，摸索着向前走着。风似乎刮得更猛了，像一头疯狂的野兽朝我扑来，我不由自主地紧了紧冲锋衣。远处的狗吠更增添了我心中的恐惧。我死死地攥住了书包下垂的两条带子，手心被汗水浸湿。我刚想退出巷口，另寻他路，一束光照亮了我的前方。

有了灯光，就似乎找到了方向，明确了目标。心中暗暗窃喜：呀，原来灯光归来了啊。这束光如一轮皓月，照亮了我的路。

我一蹦一跳地来到原来那盏老旧的灯柱旁，小小的灯泡悬在空中，仍旧不能发出一点儿光亮。洒在路上那柔柔的橘黄色发光源似乎仍在前方。

寻着光，踏着光，罩着光，这才来到了光的起源点——巷子拐角处的一家杂货店。经营这家店铺的是一位老大爷，铺子的屋顶正中央悬挂着一盏老式灯，散发着柔和的暖光。似乎觉察到了我的靠近，老爷爷抬起头："小朋友，怎么这么晚才回家？"我微笑着答应："下课才回来，您怎么也没休息？""再等几个下夜班的过去就打烊了。"他边说着，边站起身来收拾起了东西。

我抬起脚刚要走，老爷爷随即把手上的东西放下，将头顶上的灯抬起，投向了我的前方。心中满是感动，感谢那位杂货店的老大爷，那位使灯光归来的点灯人。

一路寒风依旧，心里却温暖如春，踩着刚刚归来的灯光，踏实极了。这束归来的灯光，不仅照亮了我的路，也照亮了我的明天。

诚信的力量

紫 燕

那个夜晚让我知道，原来失去的东西再要找回来，是多么难的一件事。

那年冬天，天寒地冻，世界一片苍茫。就在这样的天气下，我顶着凛冽的寒风，一步步艰难地走到了街上。街上人烟稀少，只有几个小贩还顽强地摆着摊。看着这荒败的场景，我不由得缩了缩脖子，紧紧地握住了手中的那五十元钱。若仔细地看看这张纸币，你便会发现有些不同——没错，这是一张假币！是别人无意中调换给我的。"哎呀，这张假币我一定得用出去，不然太亏了。反正做这种不诚信的事情也没太大关系的。"我自顾自地想着，并渐行渐远。

"那里好像有一个小铺子，我过去试试吧！"我微眯着眼，慢慢地走了过去。"原来是个老大爷呀，他年纪大了肯定看不出来的！"我的心中暗喜。"老大爷，这烤红薯怎么卖呀？""五块钱一个。小姑娘你要几个呀？"这声音中透着几分苍老，嘶哑不堪。"三个吧。"这时，我才细细地打量了这位老人一下：他身着一件灰旧得看不出来颜色的破棉衣，一条漏了絮的棉裤以及一双同样破旧的布鞋。可以看得出，这位老人的生活绝对很拮据。他那饱经风霜的脸上刻满了岁月留下的痕迹，两只深陷下去的眼睛布满了浑浊。我的心中有着一丝丝的不忍："这位老人是吃了多少苦呀！我再去骗他的血汗钱是不是太没诚信，太没道德了呢？""好了，一共十五块钱。"老人和蔼地笑了笑，把冒着热气的袋子递到了我的手上。

我不禁犹豫了，但最终还是咬咬牙，将手中的那张假币递了过去。"你等一下哦，我去给你找零钱。"他好像十分信任我一般，看都没看那钱。我感到深深的自责和愧疚。正在我进行内心的挣扎时，老人也终于转过身来，抱歉地对我笑了笑："不好意思哈，最近几天收入不好，你看，都没钱找你。要不这红薯你先吃着，明天再给我零钱吧！"望着被重新退回手上的那张假币，我的心像被人揪了一下似的，生疼。"我竟然想要去骗这么信任我的一位老大爷？骗走他辛苦几天才能挣到的血汗钱？我还讲不讲诚信了？我……"一瞬间，所有的内疚、悔恨、难过都涌上心头，伴随着泪水涌出了眼眶。"对不起，对不起！老大爷，其实这张钱是假的，我，我不应该骗你，我错了……"我连连摇着头，哽咽着拿起了假币。通红的眼中映照出我的坚定。"嗞啦"一声，那张假币终于被撕毁了，碎屑在迎风飘扬，别有一番风景。我没有敢回头多看一眼老大爷的表情，也许，他是非常惊讶的吧。寒风扬起了我的发梢，我在心中立下誓言：诚信，你以后一定不会再离开我了！

只是一个夜晚，就让我学会了那么多，那么多。也不知当时我的心情是怎样的，但总归是庆幸的。因为我最终没有失去我一生中最珍贵的东西——诚信。

足球之乐

戴之延

"以后下课不许到操场上去踢足球……"赵老师威严的声音在教室里回荡。

赵老师从来都是令行禁止的，我们几个足球小子顿时傻眼了。

每逢下课，足球场可是我们的必到之处，哪怕去瞅一眼，都会令我们精神振奋。可是现在，我们不得不面对一个残酷的现实——今后不能踢球了，这下怎么办呢？

能戒掉足球吗？绝对不能！

哪怕铤而走险也要踢！

经历了几天的煎熬后，我们终于忍不住了，在几个活跃分子的小声附和中，悄悄地溜出了教室，溜到了足球场上。一到操场，我们迅速地作鸟兽散，像事先彩排过似的，各就各位。

随着哨声吹响，双方立即投入了紧张的战斗。身为守门员的我，一脚将球踢给了前锋，前锋一开始就向对方发出了咄咄逼人的攻势，对方球员并没有感受到压力，只是不停地变换阵型，几经辗转，瞅准机会，前锋将球向对方球门踢去。"好球！"我们赢得开门红，士气大增。不一会儿，我们就汗流浃背，有的伸出袖子胡乱一擦，有的随即拉开外套拉链，迅速一脱，顺手一擦，然后潇洒地掷向地面，丝毫没有影响比赛的进行。

正当我们踢得乐不可支的时候，铃声骤然响起，我们如惊弓之鸟，飞快地跑向教学楼。楼梯显得既高又长，我们的腿像灌了铅似的怎么也抬不起来，索性手抓扶梯慢慢将自己"拉"上去，一边拉，一边还在余兴未减地谈论着……

"不好，赵老师在门口！"我们慌了，一个个低着头猫着腰，在赵老师的眼皮底下"鱼贯而入"。

踢球的过程是畅快的，被赵老师发现的后果也是严重的！

然而，一番"血雨腥风"之后，我们相视一笑，相互吐了吐舌头。我们彼此明白：下一次的酣畅仍在召唤。

020

秋天的树叶

戴靖轩

秋风拂过，万物凋零，青林翠叶，过眼云烟，蒹葭荣茂，燕雀啁啾，水天之际，斜阳逐流……

秋，真是伤感的季节！

天，总会那么昏暗，昏暗到一切事物都渐渐模糊；叶，总是那么衰败，衰败到光泽渐失，直到只剩下黯淡无光的橘黄色外衣。残垣之下，尽是枯木凋朽，走兽遗忘了活力，树木抛弃了生机。在那残破的茅草房中，又是谁痛饮一杯浊酒，拭去悲凉的泪，咽下了无尽的哀愁，感叹着"多情自古伤离别"？

秋风吹过，吹落树叶，吹散了飞鸟，吹来了深深的哀愁，夏日留下的一片生机，转瞬间被吹得七零八落。

落叶片片飘落，装点了街道，成堆地聚在一起。它们褪去了蓬勃，披上了寂寞与萧瑟。它们的一生或将走到尽头，它们或将融入大树根底，与土壤为伴；或许，它们是在忍，忍过这一个冬天的荒芜，以狂风为衣，以暴雪为甲，重新登上枝头，一切重新来过。它们是萧瑟的结尾，也是灿烂的开头，它们是那"最终的最初"。

待到来年春天，嫩绿又栖满了枝头，它们是否是那秋天落叶的重生？树叶确实会凋落，但它们的生命之火永远不可能凋零，它们经过一个冬天的磨砺，再次发芽、生长，才逐渐成就了这绿意盎然。倘若没有衰败的枯叶，也永远不会再有绿茵，落叶代表着寂寞、萧瑟、荒凉和悲伤，却更预示着灿烂、蓬勃、生机和希望。

人生也是如此。秋日是一个人必定会遇到的挫折，任何萧瑟之物都象征着沮丧、自卑与失落，唯有落叶承载着希望。冬天是漫长的忍耐，在这绝境中韬光养晦。等到代表希望的春天如雨后彩虹般来临，人生也会凤凰涅槃，浴火重生。

一片秋叶，轻轻飘落下来，来年春天，枝头上长满了翠叶，更绿，更嫩。

想那株桂花树的时候

闲 之 趣

刘宁欣

我的爷爷素来喜好垂钓，但他常在一天钓下来后，把鱼又全放掉。我一度颇不解，奇怪地问："爷爷，你这是为什么而去钓鱼啊？"爷爷总是慈祥地笑答："不为什么，只是一个'闲'字。"

去年的我接连遭到病痛的一系列打击，不得不静养一段时间。开始时真叫个焦躁不安，根本静不下心来做任何事，脑中更是杂乱无章思绪万千。这时，爷爷对我说："闲可有闲的好呢，想那么多干吗。"次日一早，他说要带我去垂钓。我开始时并不情愿，但爷爷再三劝导："你忘了平日是如何抱怨学习紧张、生活节奏太快了的话了？垂钓绝对是个'闲'的好机会呀。你不试一试，如何晓得真正的'闲'是什么样呢？"于是我答应爷爷去尝试一下。这么多天以来第一次走出家门。我惊讶地发现迎春花已经悄悄绽放，微风不似冬天那般凛冽，却足以将我心头的燥热吹去三分。驻足在一个大池塘边，我往水中望去，青荇、水草油油地在柔波里招摇，明镜中投射出阳光的影子。眼前，真的亮了一些呢。爷爷伸了个懒腰，将钓鱼工具分给我，放上鱼饵，投向湖心，接下来的，便是闲等。在此之前，我一直以为等待的这段过程是最无趣、最痛苦的，这也就是我不解垂钓之趣的原因。岂知，这种"闲"竟与想象中的截然不同，它不会让你觉得空虚，更不是烦躁的痛苦，取而代之的是不知下一刻是否有鱼儿上钩的神秘，是随时都有可能到来的惊喜，是随着鱼竿一丝一毫波动而心动的愉悦。每每提鱼的那一瞬间是油然而生的自豪，每当那时，我便与爷爷会心一笑。不知不觉就到了中午了，"镜子"更明亮了，把闪耀的金光投入我的心，暖暖地照亮了心中的某一个角落，我突然感到释然了，不再空为琐事烦忧，只觉得十分满足，我与爷爷留下几条大鱼作为午饭，然后把桶中剩下的尽倾湖中，微笑着。

终于领悟到了生活之闲的境界，那原是一种放空脑海中的杂绪，尽情享受生活中美好的滋味啊。闲下来，生活本就十分美好。

闲坐在树荫下，闲等鱼上钩——就单做好垂钓这一件事的场景，"闲"的美好感受，将永存于我的心间。

生活之美

023

潘婉宁

在这阳光明媚、春暖花开的春景中，一个人漫步在这花海中，何尝不是一种闲。品花中之美，嗅花中之香，赏花中之颜。

一步一轻盈，一簇一艳红，一问一清香。我一人迈着轻盈的脚步走在这海棠园中，渐渐地，我停下了脚步，尽收眼底的是如仙境般的画，花仙女们在绿叶的衬托下显得格外的耀眼。我多么希望我是一只蝴蝶可以永远停留在这花海中。

海棠花有各种各样的姿态。有的海棠树上开满了淡粉的小花，有

想那株桂花树的时候

的海棠树上开满了艳红的小花，有的海棠树上开满了淡黄的小花……这一朵朵花点缀着海棠树。让它们充满着绚丽多彩的光泽，我心里想：这些花儿是在比美吗？有的含羞待放，有的尽力开放，有的花苞只是破裂了一点儿。海棠花儿们的姿态是那么可爱，我的心情不禁也随着它摆动了起来，微笑不自觉地挂在了脸上。

我抬起头看着太阳，太阳显得有点儿刺眼，但是花却在它的映衬下显得格外耀眼，我情不自禁地向海棠花一步步走近。

我也想用手去碰一下它，但是怕破坏了它的姿态，它会傲娇地收起花瓣。我只能低身俯下去，闭着眼睛，用鼻子去感受这花的味道。我轻轻一吸，那一股股淡淡的清香钻进我的脑海里。此时，我的脑海里浮现出一段段令人愉快的回忆：朋友对我的关心，老师对我的悉心教导，家人对我的爱。我又用力一嗅，感觉这甜中又带着点儿苦涩，它们仿佛在告诉我他们华丽的外表装饰了一颗脆弱的内心，海棠花儿们也需要我们去保护，给予呵护与爱。

我静静地坐了下来，随着风儿抚摸我的头发，我在这花海中品花中之美，嗅花中之香，赏花中之颜。直到天色晚了，我才离去。

闲不是一种空虚，是自己一个人去感受美好时光的旅程；闲不是一种寂寞，是一个人去感受大自然的美妙；闲不是一种洒脱，是一个人内心深处的真实写照。

一步一轻盈，一簇一艳红，一问一清香。同样的人，同样的事，不同的感觉，体会"闲"的意味。

美妙的感觉

狄铭旸

曾经的我，是个十分忙的人。

无论是在学习中，还是在生活中，还是在娱乐的时候，我总是把时间算得紧紧的，几乎是一件事接着一件事，没有停下来过。但一次不经意的闲，使我改变了。

那是一个下午，提前放学，于是我只能坐在学校旁一个人满为患的咖啡厅里，玩玩手机，读读连载的网络小说，写写作业。咖啡厅里有人谈生意，有人聊天，有人打电话，十分嘈杂。

但我无意中窥见一个少年，他与其他人截然不同。他一个人，静静地坐在一个靠窗且相对来说十分安静的角落里。他一边听着歌，一边读着一本书。窗外阳光透过玻璃洒向书本，也洒在他的身上。他与咖啡厅的其他地方格格不入，看起来那样的和谐，安宁，闲适。

在回家的路上，我对他的闲适依然难忘：那样的闲，让我十分向往。

后来，偶然有一次早放学，我又来到了相同的咖啡厅里，发现那个不引人注目的小角落里没有人。我买了杯咖啡，坐在那个位子上，一边听着歌，一边静静地读着刚从图书馆借来的《少年文艺》。午后的暖阳照在我身上，暖洋洋的，有种说不出的舒适。望着窗外涌动的人群，我的内心却静如止水；咖啡厅依然吵闹，但我却似乎忘记了，心中只有一杯咖啡与一本书。我有种感觉，这是我人生中度过的最完美的一段时光。它漫长却又短暂。我呼吸着，吸取着书中的精华，吐出一切杂念与不切实际的幻想，整个人都十分充实。我找到了，我终于找到了那失去多年的感觉，那份愉悦，那份闲适，那份悠然，找到了那被我所忽略的一切的一切。

回家的路上，我依然在怀念那种感觉。车窗外车流依然涌动，但，我却找到了那份闲，那份生活在快节奏中的现代人都想要的闲适。闲，使我流连于书中，使我找回失去多年的快乐，找回了初心。

有 趣 的 梦

孙思嘉

漫步在林间小径，和煦的微风拂过脸颊。小草晃了晃身子，伸一个大大的懒腰。花朵摇了摇脑袋，还带着初醒的懵懂，一切都是那么近，那样安详，仿佛心也沉静。

身边偶尔传来几声悦耳的鸟鸣，远处好似有溪水流淌，树叶与风精灵谱奏乐章，让人置身于一个自然音乐会，如此和谐，如此梦幻。蝴蝶受到了邀请，前来伴舞，巨大的袖摆在空中留下一个绚丽的剪影。蜻蜓也跑来向美丽的蝴蝶小姐发出绅士的邀请，儒雅俊朗的翩翩公子也进入舞池。小蜜蜂也放下手中的工作，带着零食前来欢闹。小水鸭被吸引而来，带着诚挚的欣赏，却担心自己开口会破坏这难得的乐团演奏，干脆当一个安静的听众细细品味。远方的小鱼儿，仿佛听到了呼唤，奈何距离条件约束，它可离不开水哈！只得气馁地在水中吐着泡泡，时而跃出水上，拍打水面产生一丝波动，让这细微的声响能够传入演奏。

大地复苏，沉醉于梦乡的植物们相继醒来，不由自主地跟着优美的旋律左右摇摆，大地呈现一片生机。清晨的迷茫不再，看着眼前的一片缤纷，心情也不自觉地活了起来，迫不及待地想要加入进去，随手捏下一片干净齐整的叶子轻靠唇边，一声悠扬的音律即出……霎时间，一切的一切消失得无影无踪。

啊嘞？我这是做了一个梦？只有手边的竹叶告诉我，这是真实的。心中的情绪慢慢归于平静，嘴角扬起一抹无奈……

可惜。

想放弃的时候

文　慧

"嘿呀！"对手又是几拳打来。

我措手不及，虽然带着护具，依然能感受到重重的打击。我正在参加南京跆拳道锦标赛，站在我面前的对手是一个皮肤黝黑、身材结实的"女汉子"。她进攻形势很猛，一次次把我逼出圈外，而我无力反击，只得不停招架。这一场实战要持续三分种，然而刚过三十秒的时候，她已经比我高出不少分了。

"啪"的一声，我的大腿又挨了一击，火辣辣的痛。我消耗了不少体力，嗓子也火烧火燎般难受。我感到疲惫与无力："这样比下去有什么意思，根本没有获胜的机会。我真想放弃这场比赛……"这时，半场刚过，裁判吹哨，双方下场休息三十秒。

我脑子里一片空白，艰难地走回教练为我准备的椅子上。教练一边替我拿水，一边关切地对我说："小千，你平时表现得那么好，怎么在她面前就发挥不出来了呢！""教练，我……我想放弃比赛。"我几乎要哭出来了，喘着气说。"'知己知彼，百战不殆。'你根本不了解她的战术。在我看来，她只会乱打，没有章法，气势上压过了你。你要仔细回想回想学过的战术。她如果再一阵猛攻，你就冲上去抱住她……小千，你训练那么刻苦，可不能轻易放弃啊！"

听了教练的话，我豁然开朗。回想起平时的训练，我连击沙袋四十次，步伐丝毫不乱；我练习反击勾踢的战术，突破了其他学员的防御。宽敞明亮的道馆回荡着我的叫喊，厚厚的塑料垫上流淌着我的汗水。我不应该放弃，而应勇往直前！喘息已定，时间已到，教练笑着拍拍我，我有了底气和信心，坚定地走上赛场，又一次与对手面对面。

在后半场中，我没有迷惘，没有焦虑，而是时刻牢记教练的话，聪明地反击、进攻、防御。果不其然，对手的气焰逐渐变弱，我占了上风。最终，我扳回了战局，以比对手高三分的成绩获得个人实战女子第三名。

在我想放弃的时候，教练给我的鼓励、我对自己的肯定、对现状的冷静分析，都给了我坚持下去的信心。放弃希望，放弃努力，那将一无所成。拼搏下去，奋斗下去，想放弃的时候，想想自己长久以来的努力，我都会对自己说：我能行！

春天，真的都好

徐娅婷

　　都说春天是万物复苏的季节，确实是这样啊，小鸟在枝头欢唱，大树萌发出新芽，孩子们在阳光下玩耍。这，不就是春天吗？

　　虽然冬爷爷舍不得离开，悄悄地跟在春姐姐的后面又来到了人间，给我们带来了阵阵寒风。但，他那冰凉的心慢慢也被春天的这些景物化成暖暖的了。

029

　　大树的芽儿眨巴着小眼睛，凝望着生机勃勃的大自然，随风飘荡。它被太阳照得暖暖的，渐渐地，渐渐地，它微微闭上了眼睛，完全沉浸在了这样的幸福时光中。那些可爱的小草们，每片叶子上都挂满了露珠，像水晶般闪烁着，晃着，犹如舞蹈家，在叶片上舞蹈，从这头滑到那头，最后轻轻地掉落在地上，融入到泥土里去了。春天，是这样的。

　　当冬眠的动物们听到了春天来临的消息时，迫不及待地睁开了眼睛，跑出自己的家，尽享阳光的滋润。它们，也在欣赏着花草的魅力，在享受着大自然的哺育，在聆听着鸟儿的歌唱声，歌声清脆，包含着鸟儿对新一年的美好向往，表达了对春天来到的喜悦。我们，不也是这样想的吗？这，也是春天。

　　当孩子们脱掉了自己笨重的棉袄，换上了轻便的春装。他们成群结队地在草地上跑啊，笑啊，个个阳光秀气的脸上洋溢着幸福的笑容。多么希望时间停在这一刻啊。孩子们的脸上出现了汗珠，可他们才不在乎呢，用手往脸上随意抹了一把，继续和伙伴们玩得疯疯的。人们，动物们，甚至植物们，都看着他们，这些活力四射的少年们成为春天一道最亮丽的风景线。我眼中的春天更是这样的。

春天有缺憾吗？

春天，真的都好。

想睡的时候

石涵天

人有七情六欲，有人认为"民以食为天"，而有人却说"人为财死鸟为食亡"，但对于六年级的我而言，睡欲才是最大的敌人。

正值万物复苏的4月，窗外春光明媚，鸟儿叽叽喳喳地叫着，充满了生机，连带着教室里似乎都明亮了几分。数学老师在讲台上讲得正起劲，手舞足蹈，神采飞扬，时不时吐出几句金玉良言，在教室里激起一片哄笑。然而，这所有的一切，都没有办法把我那神游太虚的精气神拉回来。我的眼皮半开半合；瞳孔失去了焦点，略微往上吊，似乎一不小心就会散开一般；平日里长得打卷的睫毛，这回都有气无力地软了下来；堪称英气的眉毛，现在却像两条死蚕般卷曲，衬托得眼下黑眼圈愈发明显。鼻腔中的气息时有时无，嘴唇翕动着，口中正念念有词不知在说些什么。此刻，周围一切都模糊了起来，迷迷蒙蒙之中，老师讲课的声调变低了，但声音却不停在我脑中回响，如打雷一般隆隆不知所云，我的头渐渐低了下去……

"不行！"我强提一口真气，猛地抬起了似乎有千斤重的头，用力之大把我的脖子折断了都不奇怪。但没几分钟，头便又低了下去。老师看到我这样子，以为我是听课认真而不断点头，便不去管我。我在心中关于睡与不睡天人交战了几个回合之后，终于决定小睡片刻。心中失去了强撑不睡的意志，头"嘭"的一声便撞在桌上，一阵剧痛袭来，我的精气神反被拉回了半分，稍稍清醒了一些。老师的声音在耳边似乎清晰了，课堂里讲的内容正是困扰了我许久的题目，脑中顿时如烟雾散尽的大山般，渐渐明朗起来，猛咬一下舌尖，强迫自己集中注意力听完了那节数学课。

两天后的随堂测验中，老师竟将课上讲过的原题印在了考卷上，我下笔如有神助，凭借那道题与原班级第一拉开了差距，如愿以偿摆脱了"万年第二"的名头。

无论在想睡时，还是其他的欲望浮现出来时，都请对自己狠一点儿吧，现在你做出小小努力，很可能未来创造出很大的不同。

想那株桂花树的时候

今夜，窗帘飘动

　　虽然我很想永远停留在时间长河上的这一刻，让她不再老去。但我明白她终将会老去，我希望在她衰老无力的时候，倾尽我的所有，去给她那最温暖的呵护，就如同她在我儿时为我做的一切！

今夜，窗帘飘动

高　颖

刚才还晴朗的天空此刻却阴云密布，阳光被厚厚的云层遮挡，天空中竟掉落颗颗豆大的雨滴。

我一路小跑，来到了一棵大的梧桐树下，我驻足树下，抬头仰望，粗壮的枝干相互交错，巴掌大的绿叶层层交叠，阻挡了让人惧怕的大雨，让此刻树下的我可以安心欣赏美景。

树下，草木丛生，因为大树伟岸的身躯的遮挡，风雨不动安如山。从我出生起，这棵树就在这了。它每天一如既往地生长，不断变高，变高，再变高；不断地粗壮，粗壮更粗壮。它不断地生长着，为树下娇弱的生命提供庇护。无论雨再大，风再猛，它从不倒下，树下的生命也从不倒下。轻抚它粗壮却粗糙的枝干，哦!这不就是母亲的双手吗?

我的母亲总是每日不断地工作，她总是让自己不断强大，为的只是为我提供安全、美好的生长环境。她同这棵巨大的梧桐一样，岁月给他们刻上了一圈圈皱纹，风雨般的磨砺，早已使他们不惧怕一切。然而他们从不后悔。

这棵大树身上布满了伤痕，长时间的站立使它腰杆儿僵硬，不复当年风采，只是怪异地站在那。我的母亲也因为长年埋头工作，而落下了严重的颈椎病。她时常抬头便低不下去，有时低头就抬不上来了，但她从未抱怨过，只是依旧每天努力工作着，保护着我。

梧桐树摸上去并没有新生小树的光滑柔嫩，甚至可以说是硌得人生疼。而它却如同她一样，给了我无尽的安全感。母亲的手是粗糙的，它并不好看，不纤细，也不柔软；相反，它坚硬如石。每当她握着我的手时，我就感到十分幸福。因为是她给了我生命与生活。

这时，雨停了。我走出浓密的树荫，再次驻足欣赏。

有一天，我也会像现在这样，离开母亲的荫庇。我总会牵起一个人的手，一生细水长流，把风景看透。我想在这细水长流的一生中，岁月也会给予我这么一双手，也许，我也会……不！我一定会更加坚强。努力地使自己强大起来，去荫庇别人，也是同样的毫无怨言。

驻足树下，我感受到的，是世上最真挚的情怀——爱。

驻足树下，我领悟到的，是世上最无私的付出——母爱。

虽然我很想永远停留在时间长河上的这一刻，让她不再老去。但我明白她终将会老去，我希望在她衰老无力的时候，倾尽我的所有，去给她那最温暖的呵护，就如同她在我儿时为我做的一切！

035

油菜花开了

邵希成

家乡的油菜花都开了……

我穿过矮矮的蚕豆花，避开斜斜生出的枝杈，钻出白果林，眼前豁然开朗，扑面而来甜甜的香味儿，满眼看不尽的没有边际的金色海洋。细看那繁密中的每一枝，都颇有生气。细长的青茎从棕红的软泥中挺立而出，向上伸展着，将翠绿送上枝头的嫩叶，晕染开来。不知何时，枝头聚拢着的碎花被染上了金黄，由内向外溢开，醇香透着花瓣袭来。

忽然一只同样身着锦衣的蝶盘旋而过，忽而又没入了油菜花。我不禁停下脚步，驻足于这浸满阳光的花田，目光与思绪，也悄悄随黄蝶融入了阳光。

那时，我仍面对着一簇簇油菜花，默默跟着爷爷穿过花田去另一侧耕作。见爷爷也无心理我，我便也不顾他到底在做什么，转身跑了起来，张开双臂，幻想自己化为一只彩蝶。穿梭于花簇间，真正的野蝶也被我吓跑，扇动着薄膜似的翅膀低低地飞走；身后带起一阵风，引得黄澄澄的花叶都摇曳起来，掀起一层层波浪。指尖触到花丛的一处，竟有些痒痒。一切都很静谧，爷爷也只是在另一侧静静工作。我渐渐地慢了下来，小口喘着气，应该是乏了，却还没跑到尽头，索性一屁股坐下来歇歇气。

这时的油菜花完全没过了我，一仰头，望见的是被黄花遮掩的隐隐约约的蔚蓝色天空。我伸手拨开一片，又垂下另一片枝叶，半掩我的视线。

迷迷糊糊过了许久，终于听到爷爷的叫喊，我慢悠悠地爬起来，站在原地，环顾寻找。我安安静静地等待着，等着爷爷挥着手，拨开层层的枝叶，来拉走浑身是花粉、裤脚沾上红泥的我。

我仍驻足于这花海间，眼前的油菜花依旧，耳畔只剩下微风拂过草叶的沙沙声……

我再也见不到他在田间耕作，我再也不会偷闲弄脏衣裳，我再也不能应一声那清晰的叫喊。爷爷带着许多东西走了，却留下了满田醇香的油菜花和厚重的浸满花香的回忆……

我嗅着回忆的遗香，驻足于这片花海。阳光静好，家乡的油菜花真的都开了……

专注的美

康紫怡

我不禁停下了脚步。

这是一名年过六旬的老人，身着一件脏脏的、布满粉尘的灰色大衣，跪坐在一个同样脏脏的、布满粉尘的软垫上，神情专注，在那棵高大的梧桐树下作画。

他是一个用粉笔在地砖上作画的街头艺人。

如此的专注，连梧桐树上飘下落在袖子上的"毛絮"都不去拂一拂。他画的是意大利画家达·芬奇著名的作品——《蒙娜丽莎》。在老人满是皱襞的手下，蒙娜丽莎的脸显得神秘而柔和。

我忽然想起与妹妹还有约，便匆匆离开了。

三个小时以后，我和妹妹又回到了这条街上。人们匆匆忙忙地走在路上，来来往往，向着无意义的目的地前进。

我惊讶地发现老人还在那里作画，周围围了一圈人。我便也驻足，拉着妹妹站在远一些的地方观看。

《蒙娜丽莎》已经完成得差不多了，老人还在加工。我注意到老人身边有了一些零钱，是那些心存善意的人们给他的。

忽的，一个犀利的声音飘在我耳边："这画得也不怎么样嘛，你看这里……那里……"我看看老人，他却像没听到一样，继续画画。

哦！我明白了！老人在这里作画不仅是迫于生计，还是出于对梦想的追求！也许他从小就梦想成为达·芬奇一样的大画家，也许从师学习过，也许是自己刻苦自学。他一定是遇到了什么困难才会在街头作画的。但他没有在困难前驻足，而是选择了继续追求梦想！

人的一生会遇到许许多多的困难，就像走路会遇到障碍一样平常。我们所要做的就是跨过、绕过这些障碍。从来没有人走路时遇到一块石头就不再前进了，所以，对待梦想也应如此。

我感谢老人让我醒悟。我俯下身，将十元纸币轻轻放在老人身边的零钱上。

脚步也许可以暂时停下，但心却永远不能驻足。

038

驻　足

于艳秋

在杂草中，我感觉有什么在召唤着我，吸引着我，散发出点点黄色。凑近一看，竟是一朵微不足道的野花。

第二天，我驻足远望，似乎比昨天开得更美，隐隐约约只觉得眼前晶亮亮的，时而被轻风抚弯了腰，时而被野草遮住了眼，但下一秒，它总会挺直身躯，乐呵呵地对脚下蚂蚁微笑。因野猫撞上变质的食物而连连摇头，看孩子们归来而兴奋点头……这手掌大的生命，总是生机勃勃，可我总也不明白，人生有这么多欢乐的事情吗？不觉间，它仿佛又在朝我微笑。

忙于复习，就渐渐忘记了它。在夜深人静时，突然眼前浮现一个瘦弱矮小却散发出点点星光的影子，或许它依旧坚韧，以它最大力量、全部身心微笑。当我激动地拿起相机驻足寻找它时，那颗美丽的星却悄然藏起来，不留一丝一毫的痕迹。我的心落入了无边的黑暗，失望之情不言而喻。

驻足凝望那片杂草，恨不得拔光它们，竟连小小的花儿都无法保护。看向相机，心底又弥漫着深深的惋惜与无奈。

忙碌的生活，怎会因一朵花朵而改变？拿起语文书，背起"春蚕到死丝方尽，蜡炬成灰泪始干"。眼前浮现的，竟又是它的模样。

或许在我看不见的地方，它化成了滋润泥土的使者，或许它依然在对我微笑，只是害羞，不愿让我看见。或许这就是生命的美丽吧！

你会情不自禁地被它吸引，接近它，感受它。在不经意间它却已然成长，在惊叹中你也伴它成长。某日回首，却见花已落，它已逝。

白云悠悠与蓝天散步，驻足的人们欢乐。因自然美景欢呼，忽不住拿起相机留下独一无二的美丽；因美好世界而欢呼，或许只因自己能够感受自然、生命……

我再次驻足那片杂草丛，说不出名字的花儿娇艳绽放。蚂蚁向我微笑，野猫笑我低估生命的力量。一朵、两朵甚至更多花儿向我招手。短暂几个星期，却好似经历着春夏秋冬、四季轮回，更多别样的星辰在散发着生机温暖。

生命易逝，而又无比神奇美丽。不必因生死而或喜或悲，陷入迷茫。你若看向那野草丛，看向星空，你会发现，一颗星辰陨落总伴随一颗星辰明亮闪烁。

我驻足远望那美丽的野草丛，有生命在驻足等待我。

追 逐

龚紫宸

从我记事以来，我的外婆在我的印象中便是一个精明能干的人。虽然上了年纪，但过日子总是精打细算。逢年过节的时候，也总能张罗出一大桌子饭来。同样的，她对子女的爱也毫不含糊。而她的爱，便是永远追逐着子女们的脚步。

在妈妈小时候，那时她还在上初中。她的哥哥，也就是我大舅，要去当兵了。外婆在他临走前，彻夜未眠，连夜给他打包行囊，但又因家里实在没什么东西而急得团团转。外婆很愧疚，差点儿没把自己也装进帆布包里，跟随大儿子到队伍里去。

舅舅走的那天，外婆的眼神就没离开过他。外婆的眼神一直追逐着大舅的脚步，注视着，心仿佛也追随着他的脚步，一点点走远。

现在，她的孩子们都定居在了南京。难为一位母亲的心啊。她竟也追逐着她的孩子们，来到南京这座陌生的城市。逢年过节到她那里聚聚，她总是不停地张罗着，不肯让孩子们动一下。到了中午，一桌热腾腾、香喷喷的饭也被张罗出来了。

时移事易。去年春节，是我们来得最全的一次。我们一群孩子一起叫她外婆，她不知怎么应答才好。摸摸这个的手，抚抚这个的脸，嘟囔着："好啊，真好啊，没白追着你们这些小没良心的到这个地方来。"

这是多么温馨热闹的场景啊。外婆的笑，便一直挂在脸上，她突然想起什么似的说："我要到院子里挑青菜了。"却因找一把小锹，屋里屋外乱转了一通也没想起放哪儿了，最后在窗台边找到它。姐姐说："外婆老了。"

外婆真的老了吗？我们顺着姐姐的目光，一齐看过去。外婆在阳光下发愣。外婆说："我要做什么的？哦，挑青菜呢。"外婆自言自语。背影看起来，真小啊，小得像一枚皱巴巴的核桃。

外婆，追逐了这么多年，你一定是累了吧，想歇歇了。

厨房里，动静不像往年大，静悄悄的。外婆在切芋头，切几刀，停一下，仿佛被什么绊住了思绪。她抬头愣愣看着一处，转而又低头切起来。

几个大人进厨房，钟已敲过十二点了。妈妈一看，外婆竟还在切芋头。旁边的篮子里，晾着洗好的青菜。锅灶却是冷的。外婆昔日的利落，已消失殆尽。看到他们，她恍然惊醒过来，异常抱歉地说："乖乖，饿了吧？饭就快好了。"这一说，差点儿把我们的泪说出来。他们就一起动手，洗洗弄弄，炒菜煮饭，没多久便弄出了一桌菜。这期间，外婆一直蔫蔫地趴在桌上，在旁看着，嘴里念叨着："乖乖，让你们自己动手啊，让你们自己动手啊……"却也没再阻拦。

外婆老了。她追不动了。

就在今年，她中风了，只能坐在轮椅上了。去看她的时候，她正吃着一块饼干。没几颗牙的嘴，有一下没一下地咬着。她睁着一双浑浊的眼睛，似是好奇我们在忙些什么。老小老小，越老越小。她现在，可不就像是个孩子。

追逐着子女们一辈子，外婆终于停住了脚步。

我曾以为，青山青，绿水长，我的外婆，永远是外婆，永远有着饱满的爱，供我们吮吸。而事实上，不是这样的。外婆犹如一棵老了的树，在不知不觉中，它掉叶了，它光秃秃了，连轻如羽毛的阳光，它也扛不住了。

我的外婆，终于爱到无力。

没关系的，外婆。你可以放心地停住脚步了。因为接下来，将由我们来追逐你。

我来牵着你的手

顾令语

年少时最喜欢跑到爸爸脚边，拉一拉他的衣角，扮个鬼脸，然后转头就跑。我知道，很快就会有响亮的脚步声逼近，紧接着就是我的一声大叫，胡乱奔跑一阵，终究还是被爸爸追到了。我知道，爸爸喜欢这样的追逐。

于是，爬楼梯时，爸爸总是紧紧跟在我身后，我莫名有一种恐惧，大步朝上迈去。当我爬完一层楼梯时，一回头，发现爸爸又悄无声息地跟上来了。我知道，其实我并不喜欢这样的追逐，他带给了我恐惧。

不知哪一天起，那样的游戏就结束了，我也长大了。那个阴着天的下午，云朵低低地压着大地，吸进呼出的仿佛是灰色的空气。再次上楼时，我敏锐地感觉到了碎步声，我一转头，又是那张熟悉的笑脸。可是，那嘴角的微笑却带着一丝疲惫，我眼里又浮现出那多年的场景：一个小女孩儿在奔跑，父亲轻盈地追逐着她。窗外的云朵更低了，压着我的心，也许从这一刻起我知道了，爸爸也并不喜欢这样的追逐，那带给他疲惫。

爸爸在我小时候追逐着我，我以为那只是逗着我开心，总是傻乐着往前跑，其实，那追逐还有一种奇妙的力量。

从此，上楼时我不再先上，走路时我不再先走，我只愿默默地跟在爸爸身后，望着他沉重的背影、晒黑的臂膀。

年少时的追逐，是爸爸的责任，是他的幸福，看着他的孩子快乐地跑着，也许他很累，但终究是快乐的，那时我的恐惧也转为了感激。我懂得了，无论你身处何处，你的身后都会有一个追逐你的人。虽不与你并肩同行，但只要你回头，永远是那灿烂的微笑，给你前进的勇气。

我开始喜欢这样的追逐，也许速度不快，我要追逐着父亲，我一定会紧紧追着您。无论何时，我都会像您追逐我一样，与您一起奔向明天。

043

时间的脚步

吴 哲

天，灰蒙蒙的，我看着自己布满红叉的数学试卷，暗自伤心。习惯性地走到你面前，瞄了一眼你手中的试卷，又惭愧地悄悄离开。我不明白，为什么你总是遥遥领先。我甚至看不见你的背影。追逐你的脚印，跟上你的步伐，却怎么也看不见你。

你是班上的数学能手，每次考试总能名列前茅。而我，对于数学可是一窍不通，总是被你甩得远远的。你仿佛是个厉害的跑步员，在这条路上留下了一串脚印。我跟着你的脚印，追逐而前，但怎么也找不到你。

不一会儿，天下起了雨，我撑起伞，走出教室，来到马路上，我再次看见了你，你正和一群考得好的同学交流经验。雨中，丝毫听不见窸窣的雨滴声，仿佛只有一场激烈的交流会，萦绕在我耳边。我只听得你们的哈哈大笑声，看着你们手舞足蹈。我不敢与你们一同交流，我只是弓着身子，跟在你们后面，顺便，用雨伞遮了遮脸。

身前，就是一场交流会，但我感觉不到一点儿火热，只感觉愈发心凉。我想快点儿走出这段路，离开这"嘈杂"的环境。也许，雨声可以让我清静清静。你们仿佛就是一顶巨大的屏障，矗在我的面前。我想追上你们的脚步，但我明白这会使我更加伤心，想要从你们身边绕过，又没了信心。

我简直想要停下脚步，等你们走得远远的，我再前进。你们那一张张激动得发红的脸，使我憧憬，又使我厌恶。我应该停下脚步么？不，这只会让我离你们越来越远。但我应该与你们并肩同行么？

我看看那马路的尽头，再看看你们兴奋的笑容。"没错，我要超越你们！"

我收起了雨伞，不顾身边雨水的击打，向前迈进。我目视前方，不去想任何东西，我迈开大步，脚下只有自己的路。溅起的水花打湿了裤脚，我不在意这些，我只是用尽全力在奔跑。

慢慢的，停下了脚步，已来到拐角处，显然我已跑完了这段路。当我大口大口回头张望你们时，你们依然在谈笑着，并未发现我。但我明白，此时，我已在你们之前，我比你们更快，比你们更迅速。

我想，是否可以停下追逐你的脚步了呢？来到属于我自己的路上，尽情奔跑，向着我自己的前方，用尽力气冲刺。有一天，我也会将你甩在身后，甩得远远的，一直甩到你再也看不见我的身影。到时候，就轮到你来追逐我了。

奔跑的背影

宁　宁

我渐渐放慢了脚步。

警戒线后人群嘈杂纷扰。加油、呵斥、欢笑随意堆成几堆，满地可见。第一名已经冲过了终点，疲惫地享受胜利，而我被远远地甩在队尾，与蓝天为伍。

就连那白云也在竞相追逐，争着向更广阔的天空飞去。

似乎在哪里也曾见过这般景象。我想起了画室中的那扇雕花窗和洒满阳光的窗边座位。一直缩在这个角落画画，这方油彩一般的天空早已是挚友。画室中我也不是个人物，平凡的技巧被一幅幅精美至极的画作埋没。一大团红、一溜边黄包裹着那些学子，他们创造的是我所无法触及的画面。听说可以为画集设计封面时激动和兴奋溢满胸怀，前辈们各式新奇的想法将我压在那一个小小的窗边。

我深知以我的水平无法跟上他们的步伐与节奏，而我想成为设计师的想法不会变，我想要追上他们。

第一次有了如此强烈的想法。这样一个画技普通，却坚信着绘画理想的我，开始了钻研。从课题入手，是暖意洋洋的基调还是冷静清淡的颜色？是吸人眼球的色块还是宁静可人的花边？我在迸发而出的想法中穿梭，手中的画具不停变换。毛毛刺刺的轮廓在一遍又一遍的修改加工中鲜活起来。想要追上那些前辈，我甚至鼓起勇气去请教了他们。比起众多细节出众、立意深刻的作品，我的画虽然技巧拙劣，构思也不够完美，但在一次又一次的碰撞中，我发现自己在向他们靠近，奔跑着，追逐着他们的足迹。

参考着他人画作的时候总能发现自身的不足。缤纷的色彩为我铺出一条小道，身旁野花装点，有豁然开朗之感：这里应该这样处理，那里应该那样去表达。在这条路的前方还有一位又一位优秀的前辈。她们耐心地指导我，在自身奔跑的同时拉我一把。追逐着他们的背影，为了有一天可以超过他们，我不想放弃。手中紧握的画笔让快速倒流的景色摇动，加快了我追逐的步伐。

白云已经愈发遥远，我的前面是奋力奔跑的背影。追上去吧，我想，我能做到的。一个大跨步我超越了一位选手，眼前的景色突然变得绚丽起来。脚步落处是坚定，我拼命向前追逐，必能抓住那份成功。

回头看时，天空中的白云已不见踪影。只留下互相追逐的那一抹渴望前进的澎湃。

放轻松些

杨璐嘉

当你遇到烦心事时，我建议你——放轻松些。

我们总是遇到这样那样的麻烦事，这些事不管你的心情好与坏，都是要完成的。所以无论我们怎样抱怨，都无济于事。反正我们最后都是要完成的，何不开开心心地去做呢？面对同样的情况，有不同的态度，就会产生不同的结果。如何去做，决定权在你；如何去想，决定权也在你。不如啊，放轻松些。

今年暑假，姥姥身体不太好，妈妈早就在没放假前便多次去看望她。暑假两个月的时间，更是要多花些时间与精力来陪陪姥姥。可家里只剩下我和妈妈，我又要上课外辅导班，不能跟着回去。而姥姥那边也不乐观，不得不回去。妈妈陷入了两难的境地。其实，妈妈也不用那么犹豫，心态放轻松，独自回老家，让我一人生活，对我来说何尝不是一种历练？不如放轻松些，顺其自然，也是对我的信任。轻松些，生活何必太紧张？事情既然已经发生了，倒不如坦然自在地面对。担心不如宽心，穷紧张没有任何用处，徒增烦恼罢了。

国庆节，妈妈又回去了一趟。四号，传来了姥姥去世的消息。妈妈面对着姥姥使用过的东西和衣服，难过得哭了很久。但妈妈必须面对现实。不仅是工作上的困扰，还有长时间对我的冷落，让妈妈更内疚。责任让她不得不回来，回到需要她的地方，回到需要她的人的身边。在返程的火车上，妈妈看着窗外的风景，想了许多事情。活在当下，该留恋的事应放在心里，悲伤的情绪莫要传染给他人，应该是妈妈当时的想法吧。因此她强迫自己放轻松些，以一副平淡的样子来面对姥姥过世的伤悲。

遇到这些事时，悲伤又有什么用呢？每一种创伤，都是一种成熟。你什么时候放下，什么时候就没有烦恼。只有面对现实，你才能超越现实。平常心，放轻松些。倒不如"闲看庭前花开花落，坐望天外云卷云舒"。

台　阶

徐菁夷

在很长的一段时间里，一直认为世界上最漫长的距离就是从一楼到四楼的走廊台阶。

淡黄色的地砖一到下雨天便特别容易打滑，三十厘米的台阶，一次一级总觉得过于轻松，浪费了些许力气，一次两级大腿又有些酸痛，总之是怎么走怎么不舒服。本身就不怎么喜欢运动的我，再加上肩上沉重的书包。每每站在台阶底部，望着顶端，便只是顿顿，深吸一口气，极不情愿地艰难地抬起腿向上攀去。

你是对我的"痛楚"最了解的人。怎么这么懒啊。你总是这么说，然后整个人掩藏在巨大的书包后面，一步两级灵巧地蹿了上去。于是我便一脸心酸地配合着，双手撑在膝盖上加快速度追上你，双手搭在你肩上，整个人倚着省了不少力。接下来会发生什么不用猜都知道。那副我再熟悉不过的表情将再度出现在你的脸上：两支细眉挑成不同的弧度，那副使用了颇有些时日的眼镜后，漂亮的瞳里闪过的无奈和不服气——从某种层面上来说是恶狠狠的——直直地从镜片上方斜射过来。我一脸"无赖"地笑着，你也笑了。两个痴笑着的女孩儿就这么一前一后打打闹闹爬上了那淡黄色的台阶。

还记得四年级那会儿，我为了挑战一次蹦下四级台阶，摔得整个下午走路都一瘸一拐的。你从一开始就不断碎碎念："徐菁夷你一定又吃错药了。"并且一脸庄重地声称这辈子都不认识这个没事干蹦台阶的女生。跳下来之后你那么急切地跑到我身边，脸上的表情真的让我想到了我妈妈，当时其实也不觉得很疼，就是笑笑地看着你："就知道你刚刚是在说谎，真是个坏孩子。"

分开近一年，我无法再在白纸上勾勒出你的每一个细节，但是这些细碎的片段，还有那一段怎么也走不完的台阶却始终在脑海里若隐若现。一段台阶，两个女孩儿，六年友谊。原本总觉得我们会一直在台阶上走下去，就像同读的《父与子》里最后的场景：父亲牵着儿子的手，走向远方，直到月亮的尽头。但直到信息课我才知道了这个故事的真实结局：母亲牵着孩子的手在战火中摇曳，父亲自杀在牢房里。下课从机房里出来，我又一次跳下四级台阶。这次，我没有摔倒。

所以说啊，世界上最远的距离应该是这样才对：你站在台阶那边，我站在台阶这边，中间隔着的，是那简单如四级台阶的现实，是各自成长的轨迹。

049

窗外有棵树

李可馨

一直以为桑树是柔美的、高大的，怎想面前这棵竟然如此瘦弱、丑陋。

这是一棵光秃秃的桑树。

本想看看风景，放眼望去，大树、楼房、小草，还有一座老房子。就像白衬衫上滴了一大滴黑墨水一样，这株桑树就这么硬生生地闯入我眼帘，根本无法逃避。似乎有意要突显它的矮小，它正对面就是一棵大梧桐。

我无法忍受这家伙，迅速冲下楼。呵，我都快一米五了，而这株桑树仅仅比我高几个巴掌，那干巴巴、可怜的一两根枝条，我只能弯腰钻过去，真恨不得从别人那借把斧头来，一次就把它砍断！"这个白送人都没有人要！"我气恼地嚷道，"桑叶蚕都不吃，桑葚一颗不结，立在这里有什么用？"这些天，我气它恼它怨它，它无辜地涨着脸站着，我骂它打它踢它，它摇晃着仅有的几根枝条，像在抽泣，在呜咽。

正躺在沙发上休息，突然听到楼下传来"咯吱咯吱"的声音，我朝楼下望去，竟然有两个人在锯桑树的枝条。我被震撼了，总觉得有种奇怪的、复杂的心情在交织，原来它的生活竟是如此艰难。怪不得它这么矮小，也许它曾经又高大又好看，结的桑葚比蜜还甜，而它的生活却因被某些人"瞧上"而毁于一旦。在一阵阵痛苦中变成了如今这般丑陋的模样，以至于灰头土脸成了它最茂盛的样子……此时，我看它的眼光不再是轻蔑的，而是敬佩的——毕竟，在这种环境中活下来也是不容易啊！

我不再藐视它！尽管它仍然那么丑陋，但在我眼中，俨然成为窗外最美的一道风景。

你是我的"怀念"

徐唯嘉

　　你每一个可爱的笑容，每一个欢蹦的小步子，每一个洗澡时的呜啼……在我的记忆中，总是那么的难忘！

　　你知道吗？那次在老家农村给你洗澡，我还没来得及帮你将身上的毛发擦干，你就站在毛毯上甩来甩去，将墙上、地上、椅子腿上……弄得到处都是水。"作案"后，你若无其事地走远了，然而在你回望的眼眸里，我竟然发现了一丝"得意"。我嗔怒，你却不以为然。你顶着一身没吹干的毛发——卷卷的像一坨白色的钢丝球的毛发，一蹦一跳，好像在显摆："大家快来看呐，我帅气吧？"然后还在院子里溜达一圈，俨然一副得胜的模样。我情不自禁地笑了！

　　你知道吗？我吃饭的时候，你立马跑过来，嘴巴不停地吧嗒着，口水都要出来了，眼里流露出的是饥饿、是期待。我实在不忍心，从桌上偷偷拿一块牛肉给你，你"吧唧吧唧"囫囵吞枣地迅速吃完，又眼巴巴地望着我，用鼻子嗅嗅我的手，用舌头舔了舔自己的嘴，我知道，你还想吃到更多的牛肉。于是，我看看奶奶，又看看你，趁奶奶不注意，壮着胆子又给你拿了几块牛肉，看着你满意的样子，我这才安心地吃起了饭。

　　看见你活蹦乱跳的样子，我的内心充满愉悦。和你一起在草地上奔跑，一起在林间捉迷藏，一起在墙角晒太阳……这些是多温暖的回忆啊。

去年的冬天，你因为吃了不干净的东西，突然离我而去，我伤心极了！你难道像是电影《狗的三生三世》里的贝利一样去转世了吗？

你给我爱心，陪伴我成长；你给我欢声笑语，带给我快乐；你给我全身心的放松，让人轻快无比……在我的眼中，你带给我的，是别人所给予不了的。

我的小狗——乐乐，你虽然离我而去，但一直都在我心里。

落叶会归根，春风又萌芽，愿你转世就在你所心愿的地方。

草莓种子

徐菁夷

052

望着满满一筐的草莓，我的手又痒起来了。于是在接下来的三小时里，我一边看着美剧，一边用牙签把草莓上的"斑点"——也就是草莓的种子——挑出来放在一旁的纸巾上。

对于我这个独特的爱好，妈妈早就看不惯了，今天她终于爆发了："徐菁夷，把你抠下来的东西自己吃掉。吃草莓就好好吃，你弄什么呀。"

面对妈妈愤怒的脸，我屈服了。面对纸巾上的那座小丘，我沉默了。一直很讨厌这些"斑点"，多好的一颗草莓，红彤彤的色彩，接近水滴般圆润的形状，一切美感都被这万恶的种子给破坏了。芝麻一般大小的白色物体镶在草莓上，活像是一颗颗虫卵吸在其上方。而现在，我竟不得不把这些酷似虫卵的小玩意儿吃掉，想想就觉得恶心。

我望望妈妈，又望望纸巾上的这一堆，狠狠地咽了一口口水。没事的，只不过是看起来像而已，又不是真的虫卵。我试图安慰自己。我深吸一口气，吃下了小丘的顶尖部分。

出乎我意料的是，这一点都不难吃，甚至能称得上味道还不错。它的中间貌似是空心的，嚼起来脆脆的。它有着一种香味儿，和芝麻香不同，这仅是单纯的清香。刚刚摘下来的水果特有的新鲜而又清爽的味道。

而这种味道又是我以前不曾尝过的。不管有没有挑掉种子，草莓的味道都是那样可口，或甜或酸。这小白点的味道早就不知道哪里去了。也许是因为太小了吧，它们的滋味从来就没有被在意，被发现过。

而我却偶然地品尝到了它们真正的味道。我可真是幸运。

突然发现，这些种子其实也没有那么让人讨厌。

生活中有很多东西都是这样吧，自身的美好被掩盖在耀眼的整体光芒之下，等待被人发现。可悲的是，很多时候，他们就这样永远地被忽略了。

那儿，写满我童年的回忆

谭文茜

一条深邃的巷子深深掩藏在小镇里，屋顶突出的砖瓦好像历史缝成的细细密密的针脚，吐出一行行漫无边际的，充满我的回忆的诗。

婆婆的老院子就羞涩地镶嵌在这条小巷中，沉淀了几十年的日出和日落，让这追忆的诗别有一番韵味。

是因为婆婆要搬家了，我才回到这里与它告别。大人们在屋子里收拾东西，我独自一人站在这偌大的老院子里。这里是我童年时常来的地方。

阳光从桑叶的间隙倾斜下来，在我耳边浅唱着低吟着时光的故事。记忆中的画面与欢声笑语逐渐清晰起来：桑树下，我和表妹，还有其他小朋友坐在草地上，用小铲子掘土，把聚集起来的土塑成小锅的模样，大家开始"做饭"，随手抓起几根草来当做菜。或是去浓密的，只能让一个孩子单独通过的，长得比我还高的花朵树木之间，摘几朵花当作配料，捡几粒小细沙当作调料。孩子们分头在小院里寻找能够做成"美味佳肴"的"奇珍异宝"，倒在小锅里，大家围坐一圈。每个孩子轮流用铲子胡乱翻炒。迫不及待地等待后，"饭"终于做好了。孩子们装模作样地张罗着："做好了，真香啊！快来吃吧！"

走着走着，我又来到了那架葫芦藤下，眼前好像有一群孩子在奔跑追逐。在那晶莹的露珠中，与蝴蝶、蜻蜓、蚂蚱为伴，奔跑在这有裂纹而慢慢老去的石台上。那是我们的世界，世界仅有的一角，却是童话的仙境，是世上最美的地方。

在庭院里漫步，走着走着，妈妈的呼唤声传来，我快步跑进那即将告别的老房子里。

我仿佛看见了长沙发上我和表妹又蹦又跳，乐此不疲地看着动画片；过年时阳台上的彩灯笼和在那冷窖般的阳台偷喝饮料的姐妹俩……

我多希望这些回忆永不逝去啊！那热闹的一切，是永久的该多好。那是我童年的童话，也是我那童话般的童年啊！

就在那个黄昏，我与老院子告别。啊！老院子，永别了！我忘不了那阳台上不复存在的干果，忘不了那用积木搭起的城堡和桑树下的小锅！也永远忘不了那儿，写满我童年回忆的地方！

人力车夫的辛酸史

杜玥凝

我总是想着某一天某一时某一刻因为一本书而触动。

而我，遇到了。这也是我和这本书的一个约定。

微风徐来，阳光正好。我的目光从书架上扫过。无意间突然看到一本薄薄的书——《骆驼祥子》。封面上拉着车的年轻车夫映入了我的眼帘。我抽出这本书，慢慢翻阅起来……

文章的开头似乎并没有特别引人入胜的情节，我原以为不过是一个普通车夫的故事，最后八九不离十是经历了小小的波澜取得了成功。但老舍的文字总是清浅中有韵雅，让人忍不住看下去。

于是这个下午，我就静静地在这一方天地，读着那一本承载了祥子喜怒哀乐的书籍，结局却是出人意料的悲剧。悲剧，就是把美好的东西毁灭给人看。曾经的祥子意气风发，神采飞扬，他自信、要强，拥有着对未来的希望与梦想。然而在一次又一次的不幸中他被毁灭到自甘堕落，麻木潦倒。

祥子没有赢得成功，他在最后变成了一具行尸走肉。他终究是被社会折磨成了垃圾，成为了他最不想变成的人。

我对于祥子的遭遇，是悲伤而惋惜的。他本来是一个充满希望的年轻人，我惋惜他终究是没有战胜社会，没有战胜那个吃人不吐骨头的旧社会。人较之社会，就如同蚂蚁较之大象，社会不会因为一个人而做出改变，那无异于蚍蜉撼树。更何况是底层的祥子呢？我要控诉这个社会！老舍在写骆驼祥子时说过："人把自己从野兽中提拔出，可是到现在人还是把自己的同类驱到野兽里去。祥子还在那文化之城，可是变成了走兽，一点不是他自己的过错。"骆驼祥子，骆驼祥子，骆驼一般的祥子。他背负了太多太多东西，以至于脆弱地被压垮了。我不想站在道德的制高点指责祥子性格不够坚韧顽强，因为若换作是我，是在座的我们，扪心自问，能像祥子一样承受如此巨大的挫折吗？更何况是面对接二连三的苦难的祥子。

那么，掩卷长思，我们能从书本中汲取到什么呢？如果是，你愿意做祥子吗？汲汲于生亦或是汲汲于死？祥子固然是走向了灭亡，但他在整个过程中所展现的对梦想追求的勇气，毅力以及坚忍却是永生的。我想，这也是老舍先生在悲苦中为我们苦苦寻找的希冀和出路。

一个祥子倒下了，后继的千千万万个祥子一起，一定会力挽狂澜。又或者，老舍先生也正是把他所不懂的事情放到小说里，留给我们思索的空间。

相约一本书，这就是我的《骆驼祥子》。

相约一本书

陈小琦

黑字是印在白纸上书本的灵魂。

我总能看见那些书的样貌，就在书本的字里行间，他们形形色色，都在我的生命中走过。当我第一次见到《钢铁是怎样炼成的》，我惊异于它的与众不同。我与它相约在下雪的时候，但我能看见它鲜红的心脏，我想那肯定是布尔什维克的荣光。

他的一生坎坷而艰辛，但他从不放弃。不随波逐流的人，一定有一个目标并且坚持前行。

他尚且年少时，父亲就逝世了，母亲则替人洗衣以养家糊口，哥哥阿尔青是个铁路工人。小学时的保尔就因嫉恶如仇，敢想敢做，往那个愚蠢而又凶恶的神父的面团里撒烟灰被学校开除了。

保尔长大后，终于实现了他的志向——当一名军人。从军期间，受到了老一辈的栽培和教育。自身又长期实践，他凭着毅力，在劳动、战斗、工作各方面刻苦学习和严格要求自己，终于锻炼成具有崇高理想、坚毅的意志和刚强性格的革命战士。他把整个生命和所有精力毫无保留地奉献给世界上最壮丽的事业——为人类的解放而斗争。

哪怕他为此告别冬妮娅，身负重伤，他也不曾后悔，因为他明白，就算有再多的阻碍，我们也别无选择，只能一步一步地向前，直到走过风雨和雪，在阳光里回望，才不会后悔自己的选择。正如他所说："人最宝贵的是生命。生命每个人只有一次。人的一生应当这样度过：回忆往事，他不会因为虚度年华而悔恨，也不会因为卑鄙庸俗而羞愧；临终之际，他能够说：'我的整个生命和全部精力，都献给了世界上最壮丽的事业'——为解放全人类而斗争！"

仅仅到此，我已充满敬佩。

但不止于此，在他的晚年，他从死神那里挣扎出来，躺在病榻中受尽伤痛的折磨。双目失明后，他回到家乡，只求能听见母亲的声音，然而亲爱的母亲却已化作了一抔黄土。即使是这样，直到最后，他还要把自己的经历经过升华之后变成精神财富献给人类。

我不由得扪心自问，假若是我，我必然早已放弃。

058

但他，身处于黑暗的底端，承受着最大的不幸，却选择了前行。

这世界上总有像保尔一样的人，他们的命运比我们要艰苦十倍百倍，但却不曾放弃，他们在风雪中选择了勇敢。

没错，决定你命运的不是你的能力，而是你的选择。

正如保尔，他可能不是那么的有才华，但他选择坚持；他的命运不是那么美好，但他选择了奋斗。

读完后，我也难以平静，我想我会携着相约的这本书，在风雨中前行。

南京的秋天

刘冠廷

当几度飘零的黄叶又已缀满天空和门前的小径；当空气中又已滤尽热浪，只留下清寂与淡雅。我便知道，南京——这座古城，在不变的时光中，又寻到了一个秋天。

在一段静谧的时间里，走下楼，随性向前。抬起头，眼中盛着的，便已是玄武湖的那一汪秋水；风中嗅着的，也是湖畔草间白霜上熨帖而微苦的气息。湖面上泛着点点金光，好像谁的手轻轻拨弄阳光后而落下的粉末。看着这水波荡漾，我恍然明白原来这就是秋天的安宁。水中央还竖着几枝残荷，它们经过夏日的怒放，如火如荼后耗尽了所有气力，如今病态地堆叠在一起。余下残破的叶子随意垂落在枝头，看起来虽毫无美感，但却也为这秋天抹上了一层厚重的底色。

湖岸上，却是一番生机勃勃的景致。

水杉林仍带着夏日的翠绿，顽强地指向天空，撑起了一片不成群的跳跃色调。林间的紫薇在枝丫间隙垂下的阳光中怒放着。粉的羞涩；紫的深邃；蓝色的便让我想起了秋日那没有一丝浮云而显得愈加悠远的天空。离林木靠得最近的，便是那城墙吧。它此时却也没有沉寂，墙上的地锦已变成了如火般的红。一株株，一片片，连绵在一起就成了一大片令人澎湃的赤色海潮。不似残荷的低暗，水杉的明快，紫薇的婉约和空灵，但却强烈地冲击着我的心，将我对秋日的情感抒发得淋漓尽致。

这便是南京的秋天啊！他是夏日燃烧一季后淬取的精魂，是冬日瑟缩未至前含蓄却韵味深长的留白。永世不变的轮回中，它是多少生命的归宿，亦是无数美丽的新生！

南京——这座古城，一到秋天便美成了金陵……

同窗"老翁"

夏浩元

看到"老翁"这两个字眼儿，你一定觉得我们俩是"忘年交"吧？别急，先卖个关子。

他就像梁山泊中的"矮脚虎"王英——有着一副五短身材，但人蛮精神的，做事麻利，天生就是块踢足球的料儿。他那约一寸长的"樱桃小口"，一头直挺挺的板寸，一副天真烂漫的样子，简直让人以为他只有八岁。

但你可别被这纯洁的外表所迷惑哦！在班里，他可是个十足的"危险分子"。一次，老师给我们放了一段英国人教音标的视频。从此以后，每到放视频前，"老翁"总是要来一句："老太太要讲音标喽！"全班同学一下子哄堂大笑。不用说，"为师"此时已是"满脸黑线"、怒气冲天，罚他面壁思过。但他屡教不改，真乃"朽木不可雕也"。

别看"老翁"挺调皮的，其实他也很会关心人的呢！

一次，我们正踢足球，康平兄一不小心踢中我的小腹。瞬间我疼痛难忍，感觉肠子都搅成了一团儿。"老翁"急忙跑来问我："你没事儿吧？"

"还……还行。"

"要不要去看校医？"

"不用，谢了。"

过了一会儿，他看到我还在按住腹部强忍疼痛，便紧紧拉着我的手说："哎呀，你还是别忍了，我带你去校医那儿看看吧！"

"好了，好了，我坐坐就行了。"

看到我坚持的样子，他没办法，只好让我坐下来，对我直嚷嚷："老夏，你可得挺住呀！没了你，这场球就踢不下去了啊！"我不禁一笑，心里却有点儿感动。想起开学时还跟他怼过，真是有点儿不好意思。

晚上，我看到他在QQ群里关心我的消息，顿时心里暖暖的。

061

这就是我们班大名鼎鼎、超级活泼可爱的"重量级人物""老翁"——翁智轩。

今夜，窗帘飘动

"臭脚"跳远记

浩 远

"加油啊！你可不能只跳这么远啊！""手撑地了，一百五十五厘米！"

……

这不，我们正在进行体育节活动呢！虽说跳远是我的拿手好戏，但是在今天的比赛中我就显得有点儿"菜"了。

我自信又紧张地踏入了运动场。虽说有我平时不俗的成绩垫底，但此刻的我就像即将被押解的犯人——紧张得像热锅上的蚂蚁，总感觉会有一些"飞来横祸"等着我。

比赛开始了！我目视前方，绷紧脚上的每一根神经，心里默默地喊："预备——跳！"我腾空跃起，像只为野狼追赶的袋鼠。不想"着陆"时重心不稳，一下子"四脚朝天"，成了一只仰面向天的大海龟。裁判员仔细丈量后，大声报出："155cm！"随即便出现了开头的一幕。

我简直不敢相信自己的耳朵，又气又恼地问道："老师，您看我脚后跟都到两米了，怎么才算我一百五十五厘米？"

"你手撑地了，只算你手离起点的距离！"

我一下子像被兜头浇了盆冷水，不知如何分辩，差点儿"口吐白沫"。自信之光被失望之墙所遮挡。只好忍气吞声，大步流星走向始发点，迎接第二次挑战。

第二次，我汲取了前一次的教训，奋力腾跳。谁知，这次倒没有"四脚朝天"，反而"五体投地"，只跳了一米六几，"颜值"暴跌。我灰头土脸地爬起来，发起最后一次冲击。这一次，我终于够上了两米，但由于前两次的"臭脚佳绩"，已是回天乏力。

立定跳远就这样止步于"臭脚"。"台上三分钟，台下十年功。"这话似乎是对我说的。想起训练时没有认真接受老师的意见，心中不禁自责。我深深明白，任何比赛只有刻苦训练，反复练习，才能稳扎稳打，迎接胜利的曙光！

我与中秋节

顾童瑶

"八月十五月儿圆"，每当中秋将至时，我们家都会播放这首歌，似乎这已经成为了中秋的代名词了。不过在我家，自己做月饼也是不可或缺的哟！

就在去年，我们家做起了玫瑰味儿和紫薯味儿的月饼。

姥姥会先把存好的玫瑰拿出来，揭去那白净的棉布，我闻到的那种淡淡的玫瑰香，没有新鲜玫瑰香的那么浓烈豪放，倒给人一种隐隐约约的淡淡甜香，若不仔细闻还真闻不出呢！这，不和江南姑娘挺像吗？婉约淡雅羞涩，但却给人一种耐看耐品之美。

那香气，至今我都记忆犹新。

妈妈拿出一个似圆娃娃的白面团，一分为二。娃娃当然不愿意被"分家"啦！即使被分开，中间也如藕丝盘粘在一起拽不开。不过，我们可是有妙招的！抓一把面粉，天女散花般撒上去，搓搓揉揉，那面团就跟吃了"绝情丹"似的，瞬间分开，而且想合都合不上。

接着，撒上些酵母菌，静待那面团渐渐膨胀、长大。

接下来，就是我最爱的环节：撒料。

用拇指和食指捏着一小撮玫瑰花，这和我想的干得掉渣的玫瑰干不同。虽说看上去有点儿干，似旧皮似的，但只有捏捏才知道，那"干"里面隐藏了不少水分，有韧性！将她们均匀地撒在面团上，随后将准备好的紫薯——那喷香的紫薯用手掰成两半，一下子，一种独特的浓郁香气便弥漫开来。接着把它们捣烂——这是我这种破坏分子最爱干的活儿！随后，将紫薯泥一股脑儿倒进其中一个面团上，使劲揉啊揉，直至面团由奶白色变成浅紫色为止。

现在，面团已经分成两大营地——碎花（玫瑰）团和紫薯团。

下面，就是姥姥和家里几位手巧人的合作时间了——进行一系列加工，好让它们变得传统标准起来。去年此时，我就是隔着厨房的玻璃静静看着的。不过，那香气依旧隔着玻璃窜入我的鼻腔。

"好咯！上月饼咯！"妈妈大声说到，我飞奔到餐桌前，都快成刘翔附身了！闻着那令人陶醉的香气，看着那令人不忍心下口的、印着碎花和淡紫色紫薯的月饼，口水已经不自觉地流了出来。妈妈拿了一块玫瑰饼，笑嘻嘻地递给我。我拿着它们，却不知怎么吃了！算了，不能当绣花草包嘛，吃吃才能看看它们到底怎样！于是，我眼睛一闭，一小口轻轻地咬住玫瑰味的月饼，感到玫瑰在自己口腔扩散着，扩散着，似乎无止境……家人们也纷纷尝起了月饼，我们欢聚一堂，手捧月饼，品尝月饼的美味，也尝着团圆时的幸福……

我感受到的，不止香味，还有家人对我的爱，如这玫瑰月饼的香，没有芬芳馥郁的醇厚，却淡雅沁香，耐人寻味。

交　接

舒岳阳

　　手下一笔一画，是一幅未完成的工笔花鸟画。我自知，传统文化这一棒，已交接到了我的手上。

　　竹和虾是交接的开始。小小的一幅竹、一幅虾中，自有大乾坤。我最喜欢听老师论竹，论虾。他指着画上小巧的竹叶，对我说："别看竹子简单。竹竿只需一推，一收；竹叶只需一撇，一提。竹竿有节，所以常以竹说人有气节，因此画竹竿有始也要有终；竹叶要有弹性，最后笔锋提出的一笔，尖而不刺……"而我，站在画桌边踮着脚，似懂非懂。老师就一拍我，说："来，开始。"我就乖乖地坐到了椅子上，画竹，画虾。

　　常画不好虾子。老师会对我说："虾子是水墨的开始，虾子的身子就是小山水，分水就是苔点，须子就是长线条。"后来才慢慢懂得，万物相通，画得好虾，也就画得好山水、工笔。

　　中国人的传统，渐渐在我的脑海中模模糊糊有了形象。

　　再后来，老师允许我着色了。中国画的颜料名称美得让我屏住了呼吸：藤黄，花青，赭石，胭脂……样样仿佛自千年前流到了我的手中。工笔画也成为了我的最爱，花，鸟，一切都透出几分典雅与庄重。

工笔所教会我的，是耐心和等待。一幅小工笔，草稿至少要改五遍，染墨打底需要三遍，罩色要一层层薄薄地盖住墨色，加上调整，背景渲染，提亮，点苔点，题款盖章，一幅画才算完成。不知道中国人的文化中是否有耐心这一条？我想，必定是有的。

中国画，这一门流传了几千年的手艺，终于交接到了我的手上。也许不止这些，我所学到的，更是中华上下五千年来的文化与精神。

小姨家的儿子刚长牙。小姨常笑着捏着他的手，对他说——也是对我说："以后长大了和姐姐学画画。"

一阵触动。中华传统的交接中，不只有我。

责任的传递

赵　宇

亲爱的妹妹：

你好！

我仍然记得我在小学一年级的那天，一放学便赶到医院，然后看见了在妈妈怀里睡得正香的你。那时你长得并不好看，皮肤皱皱的，像一只小兽，香甜宁静地诠释着生命。但你流口水的样子还是萌到了我，我在心里欢呼了一阵，"我有妹妹了"我想。

然后，就是一场我完全没有想到的灾难。

你强迫性地逼我和你交接了许多东西。当然移交的是我，接替的是你。那时我才七岁，也需要爸妈的宠爱，可你说什么也不愿睡自己的婴儿床,理直气壮地睡到了大床的中间。每当我看见你侵占了原属于我的妈妈的怀抱,无情地征收了我的玩具,让爸爸妈妈为你忙得焦头烂额无暇顾及我时。我都会摇头叹息!

　　渐渐地,你长大了,开始接替一些属于我的任务,比如,每天按电梯,为我们挡电梯门,开门,帮爸爸洗苹果,给正在写作业的我端水。爸妈吵架你会义正辞严地在中间评判谁对谁错……在我们欣慰的微笑中,你长大了。

　　但是,随着你我任务的交接,你有没有发现,我陪伴在你们身边的时间越来越少?每天放学回来我就写作业,等我写完时你早已经睡着了。是的,姐姐在一天天长大,马上我就会进入中学,这样陪在你们身边的日子就会更少。而现在,给我们带来欢笑的,就只有你了。

　　所以,亲爱的妹妹,姐姐在此郑重地将一项任务交给你,我相信你会接下并好好地完成。我希望,在接下来的日子里,你能陪伴在爸爸妈妈身边,做他们的开心果,让他们放下我升学的压力,将欢声笑语带回这个家,好吗?

　　当然,很久以后,你也会长大,也不得不减少陪伴爸妈的时间。那时候,我已经长大了,我会回来,再和你完成一次交接。我们永远是你坚强的后盾。

　　谢谢你,亲爱的妹妹,在你我一次又一次的交接中,你使我明白了很多,也替我分担了很多。我会永远爱你。

　　此致,
敬礼!

最爱你的姐姐
2017年1月10日

今夜,窗帘飘动

又是一年桂香时

阳 阳

秋天，不知不觉就到来了；随之而来的，还有那一阵阵花香。

周末，我独自在小区里散步。不经意间，闻到了那一缕缕花香。悄然一瞥，旁边低矮的灌木丛中，有好几株小小的桂花树。桂花树上，一点点细碎的花儿，吐露阵阵清香。

桂花一点儿也不喜欢张扬，那一点点米黄色的小花儿，似害羞的小姑娘，悄悄地躲在绿叶儿的后面。叶儿绿油油的，像一把把小伞，保护着后面的花儿。本来那花儿就小，再一躲藏，几乎快要找不到了。可别看它小，那香味却不容小觑，"十里桂花香"，一点儿也不错，那香味弥漫在空气里，无论多远都能闻到。淡淡的香味，好像还带着一点点泥土味儿，慢慢地溢满了心头。叶儿，花儿，香味，给人的感觉却惊人的相似：淡雅。

人们总是喜欢桂花的。我也不例外。人们喜欢用这小小的桂花酿出甜甜的蜜。酿出来的蜜可以存到冬天，甚至来年秋天。我悄悄地用手摘一点点桂花，小心翼翼地放在口袋里，生怕会把它们压坏，想把这秋天带回家。那一点甜甜的桂花，带着永不变质的秋天，久久在我心中酝酿着。

每年秋天，我都喜欢悄悄地摘一点桂花，泡在水中，以为这就能做出甜甜的桂花蜜。可总是事与愿违，桂花过不了多久，就全腐烂了。

忽然想起小时候的秋天，小区中有一棵很高很高的桂花树，长在一个小土堆上。我和小区里的孩子们，总喜欢在这小小的坡子上跑上跑下。一个小土坡，一棵桂花树，成了我童年中最美好的回忆——我的童年时光，大多在这淡淡的桂花香中度过。空气中仍弥漫着桂花的香味，可我再闻，却有了长大的味道。

桂花香，伴随了我的成长，伴着我从咿呀学语到步履蹒跚，小时候的游戏，有多少是在桂花香中进行的呢？

又是一年花香时，又是一年桂花香。

又是一年飘雪时

刘泊宏

窗外，白雪皑皑。雪花在空中飞舞，仿佛一只只飞舞的白蝴蝶，迎接着冬天的到来。大地银装素裹，白茫茫一片，好像是一个美丽的童话世界。望着窗外白雪纷飞，我不禁又想起了那件事。

那是前年的一个冬日清晨，寒风刺骨，下了一夜的鹅毛大雪。妈妈准备送我和姐姐去上学。到楼下的时候，我们却发现妈妈的车子陷进了深深的积雪中。妈妈发动起车子，可是车轮就是迈不出去，总是打滑。"这可怎么办呀，马上就要迟到了。"妈妈急切地不停地踩着油门，我和姐姐也在心里暗暗地着急。大约过了几分钟，正当我们一筹莫展之际，三四位陌生的邻居叔叔阿姨轻轻地敲了敲我们的车窗：
"雪太大了，我们来帮忙！"他们的话顿时让我们松了一口气。

　　他们来到车的后面，先把积雪铲掉一些，然后妈妈发动汽车，大伙儿开始推车。叔叔阿姨穿的不多，却是满头大汗，听他们说一早就在这儿帮忙大家挪车。这里是一个斜坡，他们推起来很吃力。为了减轻重量，我和姐姐赶紧下车。一位叔叔却对我们说："小孩子上车吧，外面这么冷，当心不要着凉了。"他的话顿时让我感到了心里暖暖的。雪花依然肆意地落在了地下、车上、房顶上，车轮轧过的地方混着泥浆，泥点不时溅在他们身上。大伙儿一点点往上推着，忽然，车子又往下一滑，似乎又回到原地，他们仍不气馁，又继续用力往上推。大家的脸都冻得通红，手套也早就湿透了，头上却冒着蒸蒸热气。

　　十多分钟过后，车子终于推到了平路上，可以发动了。妈妈快速停好车，准备好好谢谢他们，可是一转身，却发现人已经不见了。回头一看，他们正在吃力地帮另一家人推车……这些素昧平生的人们，虽然平时相见也未曾热情地招呼过，但在遇到困难的时候，却挺身相助。

　　窗外，雪还在下着。雪花漫天飞舞，给天地间带来了几许欢乐。捧起几片雪花，它们立刻在我的手中融化了。我忽然觉得，人与人之间的关爱就像冬天的雪花一样，洁白无瑕，默默地装点着大地，渐渐地在阳光的照耀下，化作晶莹的水珠，滋润着天地万物……

又是一年缤纷时

何物动人，二月杏花八月桂。这二月杏花艳态娇姿，繁花丽色，用一片红白相间的色彩装点着南京的初春。莫愁湖有众多花种，在春季到来时红的红，白的白，粉的粉，让游人舍不得离去。莫愁湖的湖水旁就有几株杏花，"一波春水绕花身，花影妖娆各占春。纵被春风吹作雪，绝胜南陌碾作尘。"花环水，水抱花，岸上繁花似锦，水中倒影荡漾。

生活就是这样

晓 莱

"来，吃这个菜，尝尝我的手艺。"他微微佝偻着腰，紧皱着眉，笨拙地起身，费力地要把菜夹进我的碗中。我愣了下，赶忙站起来，笑着说："没事，我自己来。"他笑着点头，小心地准备坐回去，腿脚支撑不住身体的重量，重重跌坐在椅子上。

我的鼻子一酸。我的姨父，他以前不是这样的。

以前的他，事业有成，领导人物，黑发，剑眉，深邃乌黑的眼中是睿智的光芒。可这一切都终结在了那场可怕的病魔——脑中风。

那些天，深深的皱纹爬上了他的脸；那些天，密集的白发突然满头；那些天，灰暗落寞占据了他的眼；那些天，他与光辉说了再见。

可能是上天的无情中夹杂了一丝怜悯，姨父他并没有这样抛弃我们永远睡过去。他开口的第一句话就是："我要走！"

走。七个笔画，却是天大的难题。烈日下，他的嘴唇总是紧抿的，一层细密的汗珠附在他的头顶，他的喘息沉重。他说："只有烈日才能加速我前进的步伐！"是的，姨父就是这样，不服输！

那次骨折，我躺在床上不能动，他一瘸一拐焦急地走过来，坐在床边，紧握着我的手，盯住我："这只是一时的难关，要咬牙挺住。健康！一定要有健康！健康是资本啊！"一字一句，掷地有声，"即

072

使再大的困难，还有生活等着我们去面对，我们还要接受好日子前的考验不是……"他的皮肤隐隐透着激动的红色，那双眼睛更有一种异样的清明，涌动着希望的波潮，花白的头发随着身体颤抖，像是敲击着命运的节奏！他的话语如钟鼓，一下下震荡着我的耳膜。一刹那，余音未散，他也如少年人般百折不挠。我重重地点点头。

"莱莱，快吃呀。这是我炖的骨头汤，早早起来做的。"一句话拉回了我的思维。我冲他点头，埋头喝汤。熟悉的味道冲击味蕾，升腾的热气模糊双眼。

"哈哈！"耳边突然传来笑声。姨父眉飞色舞地展示他的厨艺，那神情得意极了，像个小孩。

我乐了。病后那段时间，他嫌待家里无聊，买了好多食谱，自己捣鼓着做。为了炸我最爱吃的鸡翅N次烫伤手臂，姨妈又埋怨又心疼，他说："这点不算什么。只要努力了总比想象的要好啊。"我们笑称他"老厨师"，但似乎"老"字触怒了他。他梗着脖子粗声粗气道："什么老？我哪里老了？等我腿脚好了，我们去爬紫金山！你们不许扶我！"语气像明天就能去。

饭桌上有刹那的静默。

那一刻，您的身影突然伟岸了。您不再是笨拙的。您周身是金光灿烂，那气势深深地震撼着我的心。

我相信您。您的心，您如歌的梦，会牵引您行遍千山万水，做完您想做的每一件事。在这好日子里幸福老去。

而我会永远在困难面前想起您的话，骄傲面对生活的残酷。我钦佩您，我不会退缩。我会和您一样，即使对自己严苛，也不要怯懦。

多想和你一起走

连 想

我的偶像是一个很普通的女生，但她却用她不普通的一举一动深深地将我打动。

黑色球鞋，略显宽大的校服，肩上鼓鼓囊囊的书包，自由自在的短发，嘴里哼着最喜欢的英文歌，素净的小脸，傻傻的笑容……她是我的闺密——李子月。

她是一个大大咧咧的女孩，平时总是疯疯傻傻的。有时会出其不意地吓吓你，有时会手舞足蹈地给你讲故事，一边讲一边笑，自己陶醉在自己的世界里。我很羡慕她能有这样一颗纯粹而快乐的心。没有烦恼，即使有，她也不会让它存在太久。

有一次去上体育课，她因为太过兴奋，打算试一试四层台阶往下跳，可是结果却不尽人意，她一个不小心，脚崴了一下，一下跌在了楼梯上。她咬紧牙关，任凭泪珠在眼眶里打转，都绝对不让它流下来。后面几天，她仍是一瘸一拐的，笑容又回到了她的脸上，永远在笑，竟叫自己是"瘸腿疯子"。

她有一个梦想。这个梦想很美丽。"我希望，以后有一天，可以背上行囊，和南京说再见，边打工边在不同的省市生活！"她的双眸闪耀着异样的光芒，"我们在繁华的上海体味超级都市的快速度生活，摩天大楼、石库门、老洋房在这座摩登之都中交融与辉映，演绎着过去与未来的华丽篇章。我想，那里的生活一定很有动力，在那里我们漫步在外滩上，做着浩瀚宇宙中的一颗微不足道的小星星，感受着上海的强大。

"可以在广州每天吃不同的早茶，虾饺、叉烧包、肠粉、奶黄包、菠萝包、榴莲酥……那个虾饺，咬下去，皮如白雪，薄如纸，你就会觉得一整天都充满了力量……坐在桌边品着早茶，边品边笑，感受着这个城市的心跳！"

说着说着，她渐渐地闭上了眼睛，长长的睫毛自然地垂下来，嘴角微微上扬，声音很平缓，却含着阵阵激动。

"还有桂林！在那山川河流间流连，轻飘飘的云朵儿，被洗涤过似的的蓝天、软绵绵清澈无比的流水啊，还有那挺立着的俊秀的山峰！有空我们就去划个竹排，穿梭在山川之间，感受大自然包围我们的无限美好……甚至在高原上触摸白云！"

耳边，她的声音渐渐低了下去，我远远地看见远方一片碧绿的草地伸向天边，而我们就坐在草地上，或是躺着，看着柔柔的云儿就从我们眼前飘过，伸手去摸，却又够不着！阵阵微风吹过，拂动我们的发梢，多惬意啊！我们背靠着背，一同细数着我们携手走过的青春往事……

子月！你可知道，你的梦里，我是何其向往！多么渴望亲临！这是我们共同的心愿啊！它似由一朵朵白白的软绵绵的云朵拼成，我们在上面蹦跳，牵着对方的手，走到这条路的尽头。

子月！你那洁净的内心深处，向往着美好的未来，你的闯劲，让我如此振奋！谁曾在谁的时光里停留，温暖了梦想！有你的陪伴，我会渐渐地变得——简单、勇敢、有梦！有你在，我就可以体会那风般的自由，感受云般的自在。青春，我们撇下无知，怅然，释怀，有梦。梦的方向叫做闯，我们一起闯！这是我们成长的印迹！

又是一年花开时

殷 越

走进熟悉的小院儿，迎面而来的，是那扑鼻的花香。香气弥漫整个小院，淡淡的，掺杂着丝丝甜味儿。微微抬起头，便能看见这香气的来源——满园的栀子花。

祖母爱花，更爱种花。这满园的栀子花便是她留下的。

祖母有个习惯，每天早晨第一件事就是去浇花。起先我很不理解："为什么要早上浇呀？下午浇不一样的吗？"祖母一听，笑了："早上浇，有精神，耽误了花，开得就不漂亮了。"我似懂非懂地点点头，蹲着，静静地看着那花骨朵。祖母的花确实有精神，虽说只是花骨朵儿，可依旧能嗅到淡淡的清香。我用力吸吸鼻，妄图把这淡淡的香气全收进身体里，那种由内而外散发的淡雅之质，久久在我的心间回荡。

就这样，我一有空儿便往祖母的小院儿跑。祖母很勤快，浇花，裁叶，驱虫……样样都打点得完美。闲下来了，坐在躺椅上，给我讲她小时的故事。祖母的普通话说得不是很溜，常常咬错字，我也不打断她，由她讲下去。在我听来，那一个个的故事清新、朴素，像是一阵花香，轻轻地，吹过祖母的年轻岁月，也掠过我的童年。

到了五六月前后，栀子花就绽开了花瓣，白白的，嫩嫩的，在风中摇曳着她曼妙的身姿。祖母的脸上透着浓浓的喜悦，双手轻轻捻起那盛开的花，小心翼翼的拔下一朵，捧在手心里。那花瓣一层层的叠在一起，错落有致，像一件精心雕琢的工艺品，却又透着生机。祖母一边搓捻着花瓣，一边教我细细品味："你看，枝枝花（栀子花）的蕊儿，多嫩，这花瓣，叠在一起像不像裙儿？"我们一老一少，就这样站在院儿中，放眼望去，花儿点缀在绿叶中，像天上的星星，划过天际。微风吹来，她的裙摆随风扬起，跳着优美的舞蹈。

久了，花香融在了空气中，整个小院儿都醉了。"南檐架短廊，沙路白茫茫。尽日不归处，一庭栀子香。"是啊，栀子花是那样的纯洁、柔和，不带一丝一毫的杂质。它没有玫瑰的热情，紫藤的高贵，在这里，悄悄地，静谧而幽雅地开放着。

傍晚，祖母在坐在院中，脸上带着笑意，摇着把扇子，不说话，只是静静地赏着栀子花。时而摘下几朵色泽白皙的花，浸了水，送给左邻右舍。每隔几天，她便会摘了几朵，让我拿着回去，她总说："多拿点枝枝花，放家里，特香。"每次我都小心地接过花，欣喜跑回家，散下了一路的花香。

077

如今，祖母已经离开了，从前的小院儿却一直留着，祖父时常会去照看那花儿，花还是原来的花，只是那香气，怎么也找不回从前的感觉。

又是一年花开时，祖母，您闻到了吗？

又是一年缤纷时

杨璐瑞

　　花开花落，冬去春来，"等闲识得东风面，万紫千红总是春"。春啊，百花齐放，又是一年缤纷时！

　　何物动人，二月杏花八月桂。这二月杏花艳态娇姿，繁花丽色，用一片红白相间的色彩装点着南京的初春。莫愁湖有众多花种，在春季到来时红的红，白的白，粉的粉，让游人舍不得离去。莫愁湖的湖水旁就有几株杏花，"一波春水绕花身，花影妖娆各占春。纵被春风吹作雪，绝胜南陌碾作尘。"花环水，水抱花，岸上繁花似锦，水中倒影荡漾。春风拂面，顺势扬起了一片片花瓣，仿佛满天花雨，霎那间，一池春水上铺满了粉红色的花瓣，碧水红花，显得那么和谐，那么美丽。再细观岸上的花朵，每一个都显得那么动人，白的似雪，红的像霞，细长的花蕊藏在嫩嫩的花瓣中，随风摇曳，显得那么可人，让人忍不住想去摸一摸。嗯，滑滑的，柔柔的，手感十分细腻，嗅一嗅，仿佛还有春天的气息。"红杏枝头春意闹"，是了，描写的应该就是这番景象吧！

　　在莫愁湖畔闹春的，还有海棠。海棠花姿楚楚动人，历代文人墨客都留下了赞咏它的诗篇，"只恐夜深花睡去，故烧高烛照红妆"，在苏轼先生的眼里，海棠是如此的美丽，是如此的惹人爱惜。在我的眼里，海棠也是这样明媚动人。诸多海棠中，我最喜爱的是垂丝海棠，棕褐色的梗在春风中摇曳，花儿也跟着摇摆起来，只一会儿功夫，一片海棠都在晃动着，随风起舞，碧波荡漾的池水中映着它们风姿绰约的倩影，散发出无限的魅力。凑上去仔细瞧一瞧，粉嫩粉嫩的花瓣上沾着晶莹剔透的露珠，更显娇艳。花海中，大大小小的蜜蜂飞来飞去，奔波忙碌。吸吸鼻子，哦，还有些淡淡的香味呢！嗅着花香，置身于春意盎然的花丛中，又想起了苏轼先生的"东风袅袅泛崇光，香雾空蒙月转廊"，在月夜赏海棠，也许会有一份别样的诗情画意吧！

　　和煦的阳光夹杂着春天的气息，沐浴着阳光的，还远不止杏花、海棠。不远处，桃花、梨花、迎春花、白玉兰、紫玉兰、牡丹、杜鹃、樱花、槐花还有各种不知名的小野花，姹紫嫣红，数不胜数，都在这大好春光中展现着自己娇媚的身姿，散发着无穷的魅力。

　　柔和的春风又轻轻地，拂过人们的面庞，吹皱一池湖水，吹起五颜六色的花瓣，霎时间，漫天花雨，万紫千红，朦胧中，只见一派缤纷。又是一年缤纷时啊！

不长大该多好

毛新恺

　　趴在作业之山上，我揉了揉眼睛，用疲惫的目光向窗外扫了一眼。忽然，一只飞鸟映入眼帘，它正舒展着双翅，在蓝天下自由自在地飞翔。回头一瞥，看见了刚刚制作完成的飞机模型，我不禁回想起了制作它的过程中的点点滴滴。

这是一架高仿真的飞机模型。在制作它的时候，我还是遇到了很多困难的。有时，木制的插口有点儿大，插片插不紧，我只好用胶水把它粘起来；有时，很多零件号码对不上，我只好耐下性子，一点一点地找，一块一块地拼。当我费尽九牛二虎之力，终于把它拼好后，我会得意地逢人就问："好不好看呀？我自己拼的！"看着它，我情不自禁地又想到了童年时的梦想——飞上天空。

为了实现"飞"的梦想，我还干过不少傻事呢。有一次，我把一张宽宽大大的床单披在身上，用十根木筷组成的木棍撑住它。于是，我便以为我有了大翅膀，就可以飞了，然后从床上跳了下来，平安落地。我的内心十分激动，便开心地大叫起来："我会飞啦！"这时，爸妈连忙跑了进来，大眼瞪着小眼。爸爸一头雾水，满脸惊讶地看着我问："你怎么了？是不是发烧了？裹这么严实！"妈妈也问道："你拿这么多筷子干什么？""我是在练习飞翔啊！"我的话一出口，爸妈立刻变成了哲学家，向我唠叨起飞行有多危险，有多少人为此而丧生之类的话。想到这儿，我不禁长长地叹了一口气，还是抓紧时间写作业吧！

不长大该多好，我可以在树上捉一天的知了。

不长大该多好，我可以蹲在水池边看猫抓鱼。

不长大该多好，我可以只关心天下大事，而不关心作业。

唉！可是，谁能不长大呢？我们无法抗拒时间的流逝。但，我们可以抗拒梦想的消失，让梦想在心中积蓄力量。当下的每一次为了学习知识而奋斗、努力、痛苦、挣扎，都是为了筑造一双隐形的翅膀，让我今后可以带着梦想飞向远方。

我不想长大

沈卓凡

当雏鹰长全了翅膀，就要去搏击狂风暴雨；当莲蓬钻出了花芯，荷花就要卸去浓妆；当树苗枝繁叶茂，就要去独自抵挡风吹日晒，所以我不想长大。

小时候的下午，天气总是暖洋洋的，太阳倚靠着白云，慵懒的洒下一层金光，每逢此时，老师就领着小朋友们去操场做游戏。大家围成一个圆圈，每个小朋友都要找一个伙伴，并贴在他后面，操场上洋溢起一阵阵欢闹之声！

"我要贴你后面。"

"不行，我跟他是好朋友。"

"咱俩一起玩吧。"

"好的。"

此时就连麻雀也不甘寂寞，叽叽喳喳地叫了起来，与欢笑声交相辉映，给略显无聊的午后时光，增添了一抹喜悦的色彩。

又或许是这样。

"等老师数到十，小朋友们就要躲起来，要是被老师抓到就没有贴画喽，一、二、三……"

数到五时，整个操场就变得寂静无声，老师睁开眼睛回头一看，就看到草丛里的一个个小脑袋，还装模作样蹑手蹑脚的，东找找，西探探，最后突然拨开草丛。"哈，找到你们啦！"但见到的却是一张张哭丧的脸，小朋友们嘟着小嘴，眼里还闪着泪花，连耳朵似乎也耷拉下来。

"老师，我们还有贴画吗？"

"有，都有。"老师无奈地安慰着。

"耶！"小朋友们欢呼道。

顿时，整个操场又恢复了生机。

如此欢乐，如此愉悦，所以我不想长大，但这是真的吗？

现在的下午，天气总是火辣辣的，没有一丝白云，阳光直射操场上，整个大地都像一个火炉。

我们在绿茵场上，尽情地挥洒着自己的汗水，跟着一个圆滚滚的皮球跑东跑西，累了也不停下来，最多就用手擦一擦汗，继续加入追逐的行列，追逐梦想的行列，或许气喘吁吁，或许精疲力竭，但每当我们进一球，哪怕只抢到一次球时，就会向队友报以会心的一笑，这一笑所有努力过后的疲惫，全部转化为前进的动力，那一刻，脸是红的，头发是潮的，心是甜的。这时，我希望长大。

当我翻开曾经的相册，那里记录着我所有的经历，但我小时候闹着吵着要跟妈妈睡，因为怕黑时，现在却独自坐在床头看着小说，当我小心翼翼地走着，生怕摔跤时，现在却飞快地奔跑，当我跟父母谈判动画片时间，想多看会儿时，现在却抱着iPad看球赛。只有时间才能解决烦恼，也只有时间，才能改变心灵，所以，我希望长大

不管我愿不愿意，但我必须长大，因为只有长大，才能让世界，变得更大。

生命的树啊，你慢长

孙志卿

　　人，不长大时还没有烦恼，不长大时只是一只嗷嗷待哺的小鸟，不长大时还可以对父母不依不饶，长大的我却是无依无靠，人，还是不长大好！

　　长大了烦恼越来越多，这么多的烦恼让我不知道怎么办才好，学习的压力可增加了不少，同时还要面对父母面对青春。我还隐约记得父母总是说："你看看你长这么大了，起码有些进步吧！"我很惊讶，我做的不够好吗？我没有成长吗？我强压着怒火不让他释放出来。

　　我们家有个小孩儿，是姐姐家的，我有时感觉父母对他和对我有着天壤之别，我做错了事就像犯了法一样，恨不得拿鞭子抽我；而他只是轻言轻语说几句罢了！他在门外玩的时候，我在写作业，看书，就没什么了，我只能从门缝里静静地看着，真的很羡慕他呀！

　　不长大该多好！

　　没有多大的拘束，也没有多大的烦恼，换衣不需要自己，吃饭也不用动手，睡觉还有人哄，时间一长，我渐渐地认识到这不是羡慕，而是一种嫉妒，是一种无奈，不甘。

　　父母对他的教育是重而又重之，教他对的。而我，就算是对的也不被认可，他们这些小孩儿，无忧无虑，没有一丝丝烦恼，今天犯的错误，第二天也就烟消云散了，他们每天快快乐乐地生活，让我很是向往！

家长问我们为什么考试考不好，那都是因为在家里的压迫，只有去学校去释放，在家里不能做的只有到学校去做，我就想问哪能学得好？还天天问我们。我们没压力吗？我们拥有自由吗？到头来还是不长大好！

不长大多好。不用学会承担一大串的责任，也不用解决接二连三的烦恼，我只期待回到小时候就好，我期待还能露出那纯真的笑，可以吗？

我不想长大，越长大越孤单越寂寞，我想呐喊："我永远也不想长大。"不用说加入到社会了，现在就极为可怕，每个孩子在百米冲刺的路上后面有条鞭子，多么无助，多么可怕，需要经历风雨、坎坷！

人不长大该多好！

长大的感觉多奇妙

郑涵予

"我不想，我不想，不想长大……"每当听到这首歌，我便不禁感叹，是啊，我也不想长大呢。小时候的我，总是依偎在父母身边，学会走路，学会说话，学会交友……尽管一路上磕磕碰碰，但还是有许多欢声笑语。

　　小时候的我，总是因为被幼儿园老师、被父母表扬而开心，开心得连后面干坏事被骂了也会乐滋滋的，开心得连觉也睡不着，拿着奖励的贴画瞅来瞅去。小时候的我，总是幻想着自己是大人，总对着镜子照来照去，还喃喃地说："今天我要去上班喽，宝宝在家要好好待着，要听话哟！"说完，便悠悠地在房间里转来转去，还经常摔跤，但我并不觉得疼，也不会哭，笑嘻嘻地从地上爬起来，继续玩着所谓的"过家家"。

　　小时候的我，总喜欢在雨中奔跑，噼里啪啦往积水里踏；喜欢抬头看雨滴如何从云上落下；看雨后天空悬着的虹，想象自己在云与虹之间来回穿梭；喜欢低着头，踩积水中的倒影，嬉笑着看着水花溅落，小小的我看水里倒映出的那张纯真的笑脸。

　　但时间不等人，小时候的时光渐渐已成为过去，取而代之的是现在"并不喜欢"的生活。

　　我再也不能照管我那些一直陪伴我的玩具，那些精心收藏的风火轮火辣小跑车，一辆辆限量的兰博基尼、法拉利模型……早已被岁月的灰尘覆盖，如今紧张的学业使我早已无暇顾及它们，任灰尘放肆地包围它们。

085

　　我再也不在雨中奔跑，不聆听雨滴从云端落下来时的欢快笑声，我不再以踩积水中的倒影为乐，而是小心翼翼地绕过去，生怕积水打湿了我的鞋子和裤子，我是否真如泰戈尔说的那样——长大了？我，似乎也不再看见虹，不再有虹上的幻想。

　　我们要是可以不长大，就能无忧无虑地舔着冰激凌跟着邻家的小朋友一起玩过家家；要是可以不长大，就能啃着棒棒糖悠闲地坐在自行车后座去上幼儿园；要是可以不长大，就能在拥挤的公交车上怯怯地拉拉妈妈的衣角要让位给那位颤巍巍的老人。可不可以不长大……

　　"我不想不想长大，长大的世界没童话……"或许，一直生活在童话里的人才会拥有真正的幸福吧。哎，不长大该多好……

不期而遇

潘欣彤

六年级重新分班的时候，我在一班的名单里找到了自己的名字。松了一口气，又急匆匆地翻出笔记本，确认了你的名字，开始二次搜索。目光顺着名单向上攀爬，没有，没有，没有……失望在心中蔓延开来，沉甸甸地压在心头，心脏每一次跳动都是那么费劲，那么沉重。

突然，我锁定了一个名字，心头的重担突然消失，仿佛失水的鱼又回到了水里，重新开始游动。我迈着轻快的步子，蹦蹦跳跳地向教室走去。阳光明媚，天空湛蓝，空气似乎都带着一丝丝甜意。真是美好的一天，我这般想着。

这是我们，第二次不期而遇。而那时我绝对想不到，我们现在会成为这样要好的朋友。

分班考试的时候，我在你的邻座。考试的间隙，两个刚刚相识的陌生人生疏地向对方搭话。我们谈到爱好，谈到学习，仿佛熟识很久，哪怕是刚刚相遇，只是一起考过试。

这是我们，第一次不期而遇。

两次不期而遇，是我们成为朋友的契机。我应该感谢这份幸运。和班里人熟识之后，我才知道，大家来自五湖四海。似乎命中注定，我和你们，就应该不期而遇。我多么感谢这不期而遇啊，因为它，我才能与我现在珍视的老师和同学相遇。

但是，又哪有什么不期而遇呢？最终成就的这一切，不都是你自己的选择吗？选择来到这所学校，选择参加这场考试，选择在考试的间隙向邻座不熟的女孩子搭话……最终我们才成为了好友。若做出不同的选择，结果自然也不尽相同。人生就像是行驶在铁轨上的火车，选择就像是转辙器，你做出不同的选择，整个人生航道都可能因此改变，开向全然不同的目的地。每一次选择都至关重要。

那到底该感谢我们客观的选择，还是飘渺的不期而遇呢？

The answer is,both of them.

我与她相识，是不期而遇；可我与她搭话，是自己选择。就像一篇文章里说的"世界那么大，上哪去苛求不期而遇；世界那么小，遇见合适的该出手时就出手！你们这次相遇，已经不知道是前世几百年修来的福分了，你又怎敢祈求下一次不期而遇？"固然直白，却不失道理。人生有几次不期而遇？抓住机会，方不后悔。

感谢你的选择吧，它确定了你人生的方向；感谢不期而遇吧，它让你与你所珍视的人相识；感谢时间吧，它让不期而遇变成真挚而坚固的友谊。

愿你与我，此生有幸不期而遇。

放　学

宗恒亦

"当——当——当——"放学了！瞬间，刚刚还静悄悄的校园里活跃了起来，四处充满了欢声笑语。

我们排着路队走到了大厅里，一个个一年级的小同学也从班里出来了。我望着他们稚嫩的脸庞，不禁想到了我们一年级时。当时，我们也是那么矮小、单纯而又懵懂，举手投足间露出一股天真烂漫的童真，既向往小学生活的多姿多彩，又怀念幼儿园生活的无忧无虑。

走到了校门口，远远就望见了二、三年级的路队，他们熙熙攘攘的，东张西望，脸上写满了对一切的无比好奇。而我们，却不一样了，六年的小学生活，让我们学到了无穷的知识，开阔了眼界，对事物有了自己的认识和想法，当年新奇的事物现在看起来好"幼稚"。哎，我在心底暗自叹了口气，三年级的路队排得乱乱的，好似一群乱哄哄、吵吵闹闹的小麻雀，相比之下，我们的路队就好多了，我们可是大哥哥、大姐姐呢！来，给你们看看榜样的力量。我挺直腰杆，煞有介事地整理着已经很整齐的路队。

"嗒、嗒、嗒……"我们的身后响起了脚步声。扭头一看，原来是四、五年级的同学。他们的个子与低年级比起来高了许多，有些甚至比我们还要高，真是"后生可畏"！他们的步伐坚定而又有力量，难怪各个老师都夸赞四、五年级的路队。真是"长江后浪推前浪，一代新人换旧人"哪！

不知不觉中，我们已经到达了六年级的放学点。我回首望了望那些后辈们，心里充满了无限的欣慰。他们将来一定比我们更优秀！我在心里暗暗想着。路队解散了，同学走上了各自回家的路，我也不例外。走到宁海中学前，碰巧，他们也放学了。我抬头仰望着一位位走过的哥哥姐姐：张张笑脸充满朝气，精神的校服衬托着他们自信的笑容。不由的，我开始憧憬我的初中生活，对丰富多彩的初中充满好奇，心中也充满了仰慕之情，我不禁暗下决心，要努力学习，让自己变得更优秀。

一条放学的路，好似一条人生的路，指引我们向更高处去攀登，向更好去努力，一步一步，指引我们将来成为对社会有用的人。

螳螂的启示

吕泽逸

哇！一只雌性绿静螳！一个翠绿的小身影让我眼前一亮。我欣喜地跑上前捉住它。回到家我刚拿起相机准备给他拍两张照片时却传来了妈妈催促写作业的怒吼声……我有气无力地把相机放到一边盯着绿静螳灯泡似的大眼睛出神……"这是什么呀？婆婆！""这个啊叫螳螂！"时光仿佛又回到了小时候在家里的后院玩耍。这个长着大大眼睛和大大镰刀的小家伙把我深深地迷倒了。当时还不认识几个字的我却牢牢地记住了这个名字！ 之后的每一天里我几乎都泡在小小的后院里，顾不上火热的太阳，也顾不上耳边嗡嗡作响的蚊子，观察着这种奇妙的生物。晚上回到家便带着今天观察的种种结果坠入梦乡！ 就这样观察着、思考着、搜寻着，日复一日，年复一年……转眼我就从一个懵懂的孩子变成了一个小学高年级学生。虽然积累的相关知识日积月累的变多，但我真正再能接触和观察他们的时间似乎是越变越少了…… "你怎么还没开始写作业" 耳边又传来了妈妈的催促声……堆在身边的是小山一般的习题和书籍！ "不长大该多好啊！" 我低头哀叹着。小时候整天在后院玩耍的时光不存在了，小时候对一个普普通通的昆虫一看一整天的时光不存在了，小时候对着各种昆虫奇思妙想的时光也不存在了……我回想着。猛然却又发现其实自己离儿时的梦想却更近了一步。我曾发誓过要成为昆虫方面最厉害的专家，随着知识的不断累积我现在不是更进一步了吗？我现在的刻苦学习，不是能让我将来在研究它们时更加得心应手吗？暂时的放弃不是为了将来能够在更广阔的天地研究它们吗？抬起头，绿静螳仍用那对大眼睛盯着我。仿佛是在肯定我的想法。我小心翼翼地将绿静螳放入饲养盒中，抄起一支签字笔开始奋笔疾书！嗯，是的！我要成为昆虫方面的专家！其实人生又何尝不是这样？开始的开始，每个人都有着最美好的童真和理想！可到了最后，却迫于竞争和压力，将自己变成了最最普通的平常人！能将最初的梦想实现的，不过是极少数的人罢了！而我，就是要成为那极少数的人！为自己那回不去的童年，为自己的初心而奋斗！

螃蟹的记忆

赵智捷

2015年4月1日凌晨0点0时0分的意义颇多：不仅仅意味着我十一岁生日的结束，也代表着我孩提时代的结点。

醒来之后，罗大佑的《童年》在我耳边缭绕良久，久久不能散去————我才刚刚发现我的小屋是另一番景象：爸爸妈妈把我玩具箱里的玩具分别装入四个不同的袋子里。准备送人。"干什么？我没有让你们动我的玩具！不许送给别人！"我朝他们叫嚷着，他们没有理会我的大吵大闹。等我的玩具箱变得空空如也的时候，老爸开了金口："从今天起，你的童年就结束了，这些玩具，你只能选一个留作纪念，其余的全部送给别人！从今往后，你要花更多的时间在学习上，而不是玩具上！"我的大脑"翁"的一声停止了运转，无力地瘫坐在床上，泪水禁不住顺着脸颊流淌下来，赌气地随便拿了一个。看看手中的玩具小螃蟹，不禁回忆起了儿时的往事。

童年第一次见蟹，觉得它很有趣，长有四队足和一对威风凛凛的大钳子，走路还是横着的。不像昆虫：有两对足，三对翅。在我所见过的生物中，他真是别具一格！这激起了我的好奇心：为什么它是横着走的呢？我偏要让它正着走！于是在两旁放置了砧板，给他"铺"了一条"新"光大道。他不仅我行我素地继续横着走，还用他的钳子钩住了砧板的边缘顺势翻了过去；这可把我给气坏了，想用手去抓它，没想到我偷鸡不成反蚀了一把米————被它用大鳌把我的手夹住了。疼得我哇哇大叫，妈妈闻声赶来了，了解实情后哭笑不得："傻孩子呀，螃蟹横着走是自然规律，人为的力量是改变不了自然规律的，所以螃蟹不会听你的指挥。"坐在窗边，回想小时的这幕情景，嘴角浮现出一丝笑意：小时候的我是多么的天真无邪，多么的有童趣啊！

升入六年级的我，不仅要面临升学的压力和作业斗智斗勇。功课渐多，学业渐重。小时候，有的，只是那份天真，那份童趣。

不长大该多好！

遇　　见

潘佳颖

人的一生似一条无止境的小路，你不会知道道路有多长，风景有多美，更不会知道这条路上有多少个岔口要你去选择。选择的同时，你会遇见那美好的风景，那美好的情。

现在大多数孩子都出生在良好的家庭环境中，有为其着想的父母，有疼爱有加的祖父母。而我却出生在一个小乡村里，没有高楼大厦，没有各式各样的玩具，没有漂亮的新衣服，只有一间间砖瓦房和妈妈亲手做的几个布娃娃。后来妈妈为了我的学业将我带到了这个城市。

报到那天，我穿着妈妈为我做的衣服和白色的帆布鞋去了学校。本欢喜的我一进教室，就看见一副副陌生的面孔，他们用一种异样的眼神上下打量着我。我的脸顿时红到脖子，本来想好要和同学打招呼的话语这时都咽了回去。还有同学在小声地议论，"哪里来的野丫头，好土啊。"我伤心地入了座。

有一天上剪纸课，我还没来得及看清楚，老师娴熟地翻折着一会儿就剪好了。当时我有好几个步骤都没弄明白，于是我就举起剪纸问老师，却遭到无视，更别说那些个同学了，都嘲笑我没见过世面，我难过得眼泪直在眼眶打转。这时，一只温暖的小手搭在我的肩头，耳畔听到一个温暖的声音，"不会剪吗？我来教你吧。"我抬起头半信半疑地望着她，她脸上带着浅浅的微笑，从头开始一步一步地教我怎么折，怎么画，怎么剪，一直耐心地教到我会为止。终于剪好了，我高高举起美丽的窗花，脸上漾着开心的笑容。那剪纸在风中飘着，格外艳丽。

从此以后，那个小女孩便成了我唯一信赖的好朋友。我们一起玩，一起学，形影不离。她是第一个没有嫌弃我的出生愿意和我做朋友的人，是我上学后见到的第一个笑脸，是那样带着暖意，好似春天里那阵阵微风拂过脸颊。

093

可是好景不长，没过几个月她突然退学了。我焦急地问老师、问同学，到处打听她的下落。没有人知道她究竟去了哪里，失去最好的朋友，我伤心难过了好一阵子。在学期快要结束的时候，我听说她好像病了。在我再三的央求下老师才把她的联系方式告诉了我。

后来，每天一放学我就直奔她的病房，将一天所学的知识和学校里发生的趣事一一和她分享，逗她开心。虽然我不清楚她得了什么病，但我坚信她一定能好起来的。

我们的笑声在病房里持续了三百多个日夜，但最终笑声不见了，我抓不住它。她走了。回想起我们在一起的欢乐时光，是她，让我第

又是一年缤纷时

一次感受到人间温情；是她，让我第一次想着为别人付出；是她，让我第一次遇见友情。

生活中的一段段情，不论持续多久，总是从遇见开始，让人感受那美好，感受那真实，感受那滋味。

因为有你，我遇见了"遇见"。

心灵的相遇

潘婉宁

094

遇见你是我今生最大的幸运。

我用尽了今生所有的好运才遇见了你，雨淅淅沥沥地下着，打在我的肩头，慢慢地侵蚀了我的衣服，此时的心情如钢铁般沉重，惨白的脸上已经分不清是泪还是雨，不过这有黑夜迷失着我，让我可以尽情地释放。

我一人走在一条小路上。路边的草儿被无情地雨拍打下去，而我拖着沉重的步伐坐在了一块大石头上，抬头仰望着黑暗的世界，想放肆地大笑。我低头看着水中可笑的自己说到："你就这么脆弱吗？你就这么经不起一击吗？你看看你现在的样子是多么可笑！"我看着水中的自己，对着自己说了一遍又一遍。这种发泄让我消极的心情好了很多。

我不禁想起那段不堪的回忆，想起那段回忆中不堪的我。慢慢睁开眼睛，看到了她，坚定的眼神，对我说："你抬起头来，看看这世界美好的比那些黑暗好得多，你那只是一时糊涂，那你就想这样一直地活在这个阴影里面吗？这世界有更多的美好等着你去揭开呢，不是吗？"我沉思了一会儿，擦掉了脸上的雨水，给了她一个大大的微笑，同样，她也给我回了一个大大的微笑。

我轻松地从石块上跳下来，抖了抖身上那些可爱的小水珠，迈着轻快的步伐走向她。我谢谢她对我说的每一句话，我谢谢她给我的大大的微笑，我谢谢她给我的挫折上画上了一个大大句号。

雨渐渐啦啦的，若有若无，我也不停地踢着可爱的积水，我渐渐能看到天边的云向我招手，而且我对它说："我的失败已经被我"吃掉啦"！哈哈哈。"

我的幸运是遇见了她，我的遇见是幸运将她给予了我。有了她我将不会被困难击败，反而我会击败困难。我又以轻快的步伐踏上了这趟欢乐的旅途。

095

记忆中的那抹清香

陈睿妍

它一身绿衣，一根红绳紧紧地包裹着它羸弱的身子。它闭上双眼，纵身坠入那沸腾着的清池中，寻找它前世今生所守护着的那个人。溅起了几朵水花，泛下了几片涟漪。

它觉得自己在这热浪中渐渐舒展开了身心，身子也膨胀起来。恍恍惚惚中，它似乎闻到了红豆香，蜜枣香，蛋黄香……再睁开眼，眼前已是另一番风景，物是人非。时间回到千年之前，水墨画般的江南承载了它的记忆，那里的人们都叫它"粽子"。从那些细细碎语中它得知，原来，它是为了那个他而生。那一天，天阴沉沉的，漫不经心地下着小雨，天地间一片昏暗。他苦笑着伫立于汨罗江畔，止不住地摇头，哀叹这乱世的事非。刹那间，他纵身跃入了江中，不见踪影，只流下两行浊泪。

记忆追溯到这里，面对着惊涛骇浪，它没有犹豫，没有退缩，眼神坚定，随他跳了下去。冰冷刺骨的江水在它的脸上胡乱肆意地拍打着，充斥着它的耳鼻。它努力地在寻找那抹清秀的而单薄的身影。终于，它看见他了！透过他清澈而又坚定的眼眸，它似乎看到了那支零破碎的山河和那褪去辉煌的江山，那样的不甘，又是那样的无可奈何！

人生如长河，漫长而悠远。但总有那么一天，你会翻动那碧绿的身影，抽出小小的红绳，拨开层层荷衣，忍不住地、轻轻地咬上一口。伴随着缕缕清香的还有那被遗忘在角落里，尘封许久的记忆。你应该要知道，你所记住的不仅仅是一种味道，更是悠悠岁月里的一段难以忘怀的时光。

吊 兰 赞

陈泽宇

"这吊兰真不得了，丢了快两年了，还活着呢！"妈妈和我望着那起死回生的吊兰，只有惊喜和感叹。

　　我不禁回想起两年前的那个场景：多日秋雨绵绵、阴霾重重，原来蔚蓝的天空好像被一只沾满污泥的手扣得严丝合缝。家里那盆和我相伴了多年的吊兰，陷身于这绵绵阴雨之中，久日不见阳光，竟然枝叶枯黄，根须糜烂，往日那笔挺的风采一去不复返。凝视着这缓缓化泥的吊兰，一筹莫展的我，不得不接受一个残酷的事实，它该寿终正寝了吧。

　　这盆吊兰是我刚上幼儿园时，爸爸在超市购得的。在我的精心伺候下，那吊兰成为我们家一道独特的风景。深绿色的狭长的银边叶片，层层叠叠地向四周舒展着，水润灵动。夏季从茂密的叶丛中抽出了一根根柔韧的枝条，袅娜地低垂着。枝条上绽放出一朵朵繁星似的小白花，散发出淡淡的清香。枝条的各个茎端，又生长出大大小小的新株，仿佛一朵朵绽放的烟花，错落有致，妙极了。

　　可是现在，这盆吊兰的往日风采已经荡然无存，结局又是如此的不完美。

　　面对一团污泥，我本想丢进垃圾堆，或是弃之于野，但是终究不忍心，最后还是决定放在楼下的草坪上，从阳台上就能注视到它。那时幼稚的我还认为这吊兰就像我生病一样，经过大自然母亲的养育，也许过不了几天就能好起来，每天特意去看看。可日复一日，并没有什么好转。渐渐的，渐渐的，那盆吊兰从我的记忆中抹去了。

　　后来家里人偶尔提及那盆吊兰。

　　今年夏天，晾在阳台外的衣物不慎被风刮到楼下，妈妈让我去寻找。在几近膝盖深的草丛中，我摸摸索索地前进，一件白色的衣服躺在草丛上。我快步上前，迅速掀起了衣服。本以为底下的蝇虫、尘土一定会污染了衣服，难以置信的是，下面一株繁盛的吊兰，用她那坚挺而富有弹性的枝条，撑起了这件衣服！

　　吊兰？吊兰！还是那年的吊兰！一样的位置，只不过多了几分泥尘！一样的花盆，只不过多了几条裂纹！一样的吊兰，只不过多了几分磨难！

我再三打量着那盆吊兰，愣住了，但很快便清醒过来，飞也似的冲到家中，气喘吁吁地对着妈妈嚷着："妈妈，妈妈！吊兰活了！""吊兰？""嗯！""对，吊兰，吊兰！"一种莫名的喜悦直冲心头。还是那样的美，还是那样的花，还是那样的叶，还是那样的生机勃勃！

离离原上草，一岁一枯荣，野火烧不尽，春风吹又生。这是一曲生命的赞歌，壮美、雄浑、令人震颤。

看　天

齐紫萱

今天，一缕缕轻风从窗外吹来，吹走了我早上起床时的烦闷。于是，我下了床，坐在小板凳上，趴在阳台上，静静地透过窗望向天空。

我看着天空，天空也望着我，柔柔地望着我，像极了一位母亲。正当我用眼睛与她交流时，突然太阳闯入了我的视线，吓得我用手挡住了自己的眼睛。过了一会儿，我慢慢挪开双手，继续看天时，太阳竟然被云挡住了。原来，在我用手挡住自己的双眼那一刻，天空忽然扯过一片云遮住了太阳，她的这一举动不仅保护了我的眼睛，还依旧让太阳散发出阳光，只不过这阳光不像刚才那么嚣张罢了，只是轻轻地、柔柔地抚摸着我的心，更轻轻地、柔柔地抱着我，那温暖如此真切。天空，可真像极了一位母亲。

我看着天空，天空却瞪着我，狠狠地瞪着我，像极了一个孩子，为什么？只因刚刚我向他倾诉自己的苦恼时，他给我的建议都被我否决了，还嘲笑过他那不靠谱的安慰话。这不，生气了，像个孩子般地瞪着我，于是不再理我，自娱自乐地捏起了那些无辜的云朵，没想到手还挺巧的。但好像还在生我的气。看，这会儿天上不就出现了一个怒吼咆哮的霸王龙吗？这可让我吓了一跳。过了一会儿，天上又出现了一只向我张开血盆大口的鳄鱼，让我不禁向后移了移。看到我这个反应，他便得意忘形，于是手上不禁捏出了一个可爱的小绵羊，让我哈哈大笑，笑他孩子一样幼稚。天，可真像极了一个孩子。

我看着天，天却不再看着我，而我也不再逗弄它。只不过，脑子里浮现出一幅幅美景，多想看看其他样子的天啊，想看下雨时的清新感，看下雪时的可爱感，也想看雾天时的朦胧感。

啊，看天，一件妙不可言的事情！

力·立

何智成

虽无首，却整冠头，含笑迎风秀。

——题记

冬日的死寂早就融化成春日的叮咚细雨，又转入无常的夏了。

春末夏初时，天气变幻无常，红绿灯般阴阳雨地交替着。阳台上却是另外一番景象，生机无处不体现在植物身上。这是多肉们开花的时候！

你瞧吧，那大大小小的盆里，没有春的绿，夏的黑，秋的彩，冬的粉，而是哗啦啦的，坚立起长长短短的花枝。那花枝是绿的边上，镶了道白或红的，透着粉亮的光。太阳在哪儿，花枝便箭般地直冲向前去。于是每个杆，都二尺来长了。不是错乱的，而是奇怪地都向窗外歪去了。也有不同的，捧着一个个的花团，献给太阳去了。只是没一枝容我欣赏的花箭，愿意往屋里探一探。

可还没等他们绽放黄的或红的美丽花朵，悲剧发生了。一根晾衣杆砸断了数十枝花箭，好像砸碎了数十个美好的梦。

断去的枝头，挤在花瓶里了，竟在阳光的爱抚下，一根根萎缩了，干枯了，只有零星几个花朵，散着凄然的芳香。

而那仍留于花座上的残枝，惘然成一个个泪汪汪的眼睛了。几日后，由绿转红，又变成棕色，成为一根风霜的枯枝了。

100

正惋惜着，惋惜着。多么美妙的梦哟，竟易碎如玻璃，像颗难以愈合的心。

一个星期后，终于可面对残酷。我需要把那毫无生机的老枝剪去，就像截去一段悲伤的往事。

可是，那，那厚叶间是什么？是少女曼妙的指尖？是露珠？是……是新生的花箭？

是的，还未显出母体娇媚的身段与色彩，也没惊现前兄惊人的长度与光泽。只是普通的，却傲立着的花枝，潇洒地昂着头。

太美的东西，让人自卑。

后来看到一篇文章。作者一次又一剪掉植物的花箭，不想让植株因耗营养太多而死亡。

而那花箭，却靠着顽强的毅力，一次又一次立起来，迎着风，蔑视一切困难险阻，顶着神圣的花苞。

在结尾，作者这样写道。

"我最后一次挥动罪恶的剪刀时，我哭了。只要过了季节，它还得再等上好久好久。"万物的生，万物的荣，都是天意。

这力量，站立的力量，只有草木自己洞悉。

乞 讨 者

李东超

今天的天阴沉沉的，因为这几天总是下雨，我依旧乘地铁去上课。到了地铁站的地下通道时，我看到有许多乞丐。这些乞丐穿着十分破旧的衣服，裤子上有许多大大小小的洞，和去年流行的牛仔，仿佛是承受不了生活所带来的痛苦，他的背是躬着的，我仿佛看到了一个巨大的担子在他的肩上。

这个地下通道来往的人，有的是出来游玩的，有的是像我一样的学生，有的是赶着上班的工作族。游玩的人互相交谈着，学生和上班族都走的是飞快，只能听见他们急促的脚步声，没有任何交谈的话语。就在这时，有一个年轻人，因为走得太快，不小心把老人的铁碗给踢翻了。令我诧异的是，那位年轻人居然头也不回地走掉了，就好像什么事都没有发生过一样。那个老人只是把身子往前挪了挪，把刚刚弄翻的碗放正，用他那如枯柴一般的手把那些钱放了进去。十分的从容，淡定，好似这种事几乎天天发生，不足以为常了。

我走过去放了一块钱，尽管他们都说他是"骗子"，指不定他们当中谁是富翁，也许他们当中确实有富翁吧，但我依然不会改变遇见他们就给硬币的习惯，小裤上面有洞的有几分相似，可是这些洞让人看上去更加的心酸。他们的身前摆着一个铁碗里面只有一些零钱，大多是一块钱，也有几张五块的，他是一个年过花甲的老人，脸上的皱纹像是被岁月所折磨出来的，他的身子也十分消瘦。

小时候，我和妈妈每次出门遇见他们，妈妈都会给我一个硬币，让我去给。长大了，即使妈妈不在我身边，我还是不由自主地掏出一个硬币，然后给他，这似乎是妈妈教会我的，人要善良。

我们总不能因为出现了一个乌云而厌恶整片天空吧。

雨季彩虹

孙思嘉

听着窗外滴滴的雨声，心里也下起雨来，最近自己的生活总在下雨，阴沉沉的透不过气来。这样的日子，听到那些熟悉的声音，看到那熟悉的笑脸，心里会暖和些。是啊，再难再难的日子，再累再累的岁月，只要想起这里的人，心里便不觉得苦。不知不觉中，那个心头念着的竟成了雨季里挂在心中的彩虹。

相信很多人都被一个命运的漩涡牢牢吸住，喘不过气来，于是那样温暖干净的歌，那样春风化雨的笑脸，就是执着念着的盼望。始终觉得我们就是最能感同身受这种感觉的歌。不同的时空，不同的地点，有着太多的差异，但人生最可贵的相知相伴是经历磨难，依旧可以笑着说：对，我们还在，我们懂你。因为懂得，因为尽管世事无常，唯一不变的是相信，因为相信就会看见最美的太阳。

常常力不从心，常常无处寄托。唯听到某种歌声，才觉得原来还有这样的托付，音乐也可以使心情舒畅，进而有利战胜困难。于是向往这样温暖向上的存在，更加厌弃了那些听了让人颓废的声音。

外面风声四起，大概雨停了，盼望彩虹，盼望太阳，盼望多雨的季节快点过去，依旧可以和天南地北的人相知相守，为了共同的梦而努力奋斗，期待那样的日子……

又是一年缤纷时

请记住那一抹暗香

又是一年丹桂飘香时，看着窗前那几株开得正盛的金桂，真希望它永远茂盛，香气扑鼻，沁人心脾。

它就是桂花，虽是一种植物，更是一种精神。植物长寿，精神长存！

爱我中华放飞梦想

——纪念抗战胜利 70 周年

景 星

　　"起来，不愿做奴隶的人们，把我们的血肉，筑成我们新的长城……"很小的时候我就学会了国歌。而当我进入光荣的少先队后，我才清楚地明白 "祖国"这两个字的含义。记得一二年级的时候，班主任老师和我们说过："你们是祖国未来的花朵，是早上八点钟的太阳，你们要好好学习，将来为祖国做贡献！"那时我就感觉特别自豪，因为自己身上肩负的是报效祖国的重大使命。我一年又一年地成长着，也渐渐了解到我们的祖国历史悠久，五千年的历史长河中，有无数颗璀璨的人类文明之珠是那样耀眼夺目。博大精深的文化思想，鬼斧神工的艺术作品，创新独特的发明创造等等，都代表了我们的华夏文明……

　　回首过去，我们引以为豪的祖国受尽帝国主义的欺凌。列强们瓜分了我们祖国的国土，还向我们祖国发动鸦片战争等一系列侵略战争。日本帝国制造的南京大屠杀便是触目惊心的历史案例，日本不仅侵略了南京，还在我们中国人的地盘上屠杀了我们三十多万中国同胞。还有那"九一八事变""一·二八事变"……昔日，我们蒙受了多少耻辱！抗战胜利，证实我们是坚毅的民族。黑头发，黄皮肤，是我们炎黄子孙、中华儿女不改的容颜！

如今我们的祖国又强大起来了：从"东风一号"对地导弹到如今的"神舟十号"太空飞船；从"2008北京奥运会"到去年的"2014南京青奥会"；从"歼15"舰载机到"辽宁舰"航空母舰；从与各国建立外交关系到加入"WTO"世界贸易组织。哪一样不显示出我们的祖国日益强大？前不久发生的尼泊尔8.1级地震，举世撼动。尼泊尔是一个旅游国家，所以灾难发生后尼泊尔境内有大量外国游客滞留，数百名中国游客的滞留，一时间牵动着国人的心。地震无情人有情，无论是我国飞机最早到达尼泊尔，撤离公民再次创造"中国速度"，还是迅速调集援助物资；无论是为前往西藏灾区的救援团队提供免费食宿，还是迅速自发组织捐款和祈福活动；感人的一幕幕让人们为灾难中彰显的大国气度而自豪！

少年强则国强，展望未来，我们的祖国会更加强大、更加繁荣。我们作为龙的传人，不仅要好好学习、锻炼身体增强体质，还要助人为乐，去热心公益、奉献爱心。我们每个同学的心中都怀着梦想，而我将来想做一名教师，用知识浇灌祖国的花朵。梦，巩固在坚持不懈的基础之上；梦，实现在汗水与泪水相融间。我们要为了自己心中的梦去努力和奋斗，在不久后的将来，实现心中的那个梦。

爱我中华，放飞梦想；不忘国耻，报效祖国。让我们一起努力！

请记住那一抹暗香

吵吵闹闹的家

唐翌玄

　　我的家是一个吵吵闹闹的家，家里经常出现莫名其妙的争执，爸爸跟妈妈争执，家里的其他成员也会互相吵吵。

　　外婆和外公总会有源源不断的争执，至于争执的原因，一般都是什么今天的菜做咸了，菜买少了，或者是汤做淡了，就这样吵来吵去，最后谁也不理谁了。妈妈会跟外婆吵吵，外婆总是讲妈妈的衣服买贵了，可到最后，妈妈照样还是自顾自地买着各种衣服。妈妈也会跟外公吵吵，原因就是因为外公总是一天到晚看电视，不知道去运动健身。在与家人的共处之下，吵吵声如泉水一般涌入耳中；近朱者赤近墨者黑，在吵吵声的百般压迫下，我也学会了吵吵。

　　我吵吵的原因大部分是因为妈妈在和我讲题时，总是一副天下唯我独尊的架势跟我说话，弄得我一点儿学习的心情都没有。我问妈妈问题，她也不耐心，加上我也不虚心，于是，各种吵吵就开始了。妈妈和我之间的吵吵真是"野火烧不尽，春风吹又生"啊。爱人者人恒爱之，敬人者人恒敬之，那吵人者人恒吵之行不行呢？我们彼此都要有耐心才能"海内存知己，天涯若比邻"呀！

　　我的爸爸总是想各种办法不让我和妈妈吵吵，可是有时候不仅没能让我们和解，反而让我们吵吵的范围扩大，于是他也像程咬金一样

"杀"进我们的"战场"。我妈妈和爸爸吵吵的原因是妈妈总在不停的要求我更上一层楼，而爸爸总是在劝妈妈心急吃不了热豆腐。但是妈妈总是句句命中要害，而且弹无虚发。爸爸无论怎么宽宏大量，置若罔闻，妈妈仍是势如破竹，锐不可当，爸爸也只有甘拜下风，逃之夭夭的份。

这就是我的家，吵吵的家，我们虽然都在尽力改正，可目前仍是无济于事；但是红军不怕远征难，万水千山只等闲，我们一定会翻越重重大山，战胜自己，改掉自己的坏习惯。

一　封　信

王诗雅

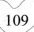

陈欣彤：

你好！

你离开南京去美国游学，已经有好几个月没有回来了。你知道吗？你不在南京的这几个月，我去老门东吃了好多好吃的。我知道你是个小吃货，所以我给你介绍一些好吃的吧！例如：鸭血粉丝汤、桂花糖藕、桂花糖芋苗、梅花糕、臭豆腐等等都非常好吃。

鸭血粉丝汤是南京著名的小吃。到南京来没有吃过鸭血粉丝汤，还真不敢说自己去过南京，就如同古代人说的"不到长城非好汉"！吃鸭血粉丝汤的人非常多，有的时候要排队四十分钟，但是人们还是愿意排队，因为它实在是太美味了。当然，这次我也不例外，也排了好久的队，就在我等得不耐烦的时候，一碗热气腾腾的粉丝汤端了上来，一阵浓郁的香气扑鼻而来。哇！就连颜色也好看，红白相间，还有黄、灰、绿和米黄色相点缀，再加上一勺红红的辣油飘在汤上，喝一小口汤汁都十分鲜美。夹起一些粉丝，滑溜溜的，晶莹剔透，十分的顺滑，把粉丝放在嘴边，轻轻地一吸，粉丝就滑到了嘴里，吃起来十分有嚼劲。再夹起一块鸭血，吃起来嫩嫩的。最后再吃一些鸭肠、鸭肝，真是美味极了。鸭血粉丝汤，真是让我回味无穷啊！

梅花糕也是南京的特色风味小吃。我吃梅花糕的时候，发现梅花糕是由面粉、白砂糖、小元宵、青红果、松子仁、豆沙、果酱等十几种原料经特制炉具烘烤而成。制作方法相对复杂，但口感很好。第一口咬下去全是小元宵，小元宵吃起来黏黏的，而且还有一丝甜丝丝的，葡萄干又酸又甜，和小元宵放在一起十分爽口，紧接着再咬一口就是青红果子。青红果汁吃在嘴里也是甜甜的，酸溜溜的。吃到最下面时就是豆沙了，豆沙虽然有一点面面的，有点微甜，但是甜而不腻。梅花糕吃起来润滑爽口，真让人垂涎三尺。

陈欣彤同学听我介绍了南京的特色小吃，是不是有点迫不及待地想回到南京呢？等你回来了，我一定带你尝遍整个南京的特色风味小吃！

你的好朋友：王诗雅

2017年12月11日星期一

耀眼在星空里

可 欣

"你是活了365天，还是只活了一天，重复了364次。"不论是精彩地活过每一天，还是麻木乏味地重复着，这之间的差异，取决于我们的生活态度。一位名人说："新的建设的理想，是一切语言和行动的指南针。"我们的动力，终源于内心理想。只有当理想的光芒照耀着你的时候，才会有勇气，有信念支撑我们实现一切。理想能够形成动力的源泉，鼓舞着我们不断地前进。

理想永远是我们的航标，在实现理想的路上：你可能会在冰天雪地、狂风乱舞中行走，一步一步都异常艰难。正如同面前连绵不断的山坡一样，困难所展现给你的，都是不可战胜的一面。然而你并不能望而却步，要承受着一切苦难，煎熬并前行着。下坡的路安逸、舒适而又轻松，没有信念，陶醉于那一刻的幸福，止步于此，你的成功之路也就走到头了。所以，你要承受。你要反省，你要从梦想中获取无尽的力量，越发渴望，这才振作起来。自信，适当的自信，振作起来。

……

想我小时候，我的梦想是当一名音乐家，演奏家，弹我的筝，抒我的意。第一次听见古筝的声音，就感到一种无可抗拒的吸引力。

不如钢琴般干脆的唯美，不似萧一般的绵长的萧瑟，曲谱上那连贯而和谐的音符，在演奏者以娴熟的技巧下完美地诠释而出，那清亮的声音化为一缕清香悠然的飘散而出。让听者感到一种轻轻渗入心灵的优雅，就带着那么沁人心脾的古典香气。此后，那仿佛充溢着一股神奇力量的"魔音"，却是让我日思夜想。时日愈久，我便愈发念念不忘那让我"魂牵梦绕"的声音。

课业愈加繁重，我再没有小时候那样充足的时间练琴了。但是，这是我宝贵的梦想，我要将她珍藏。每一个小的梦都有权利得到全心全意的呵护……梦想寄予人美好的念想，我们都可以是梦的编织者。有梦，就别怕难。有梦，就勇敢去追。有梦，就别放弃。有梦，就放手翱翔。抬头看看啊，我发现我的梦，正耀眼闪烁在星空里。

一清的诗中说：梦想是春天播种的希望，梦想是民族复兴的花屏。圆我中国梦，举世听春莺！就让我们用赤诚的心爱我中华，用希望的风放飞梦想，一起立下属于自己的中国梦，它终将有一日会实现。

112

放松一点

卞丽雯

不知何时，城市的嚣喧已经逐渐麻木了人们的心灵。人们无时无刻不在与时间赛跑，却从不给自己一些放松。

每天清晨，地铁上，总是人满为患。学生们低头背书，上班族们打着电话；每天傍晚，大街上，人们行色匆匆。有的赶着回家写作业，有的赶着去接孩子，还有的赶着去与朋友吃饭。周末，学生们奔波于各个补习班之间；家长们也忙着去接送，烧饭；年轻人们，也赶着去赴约。似乎，无一不在与时间赛跑，似乎，无时无刻不有要紧的事情，似乎，没有一点放松的时间。

的确，在城市中，几乎每时每刻都可以看见面带焦虑的人们，而这些人的忙碌都让人们不禁疑惑："他们真的有那么多要紧事吗？他们就不能放松一点吗？"这也是我想问的。

也许，生活十分忙碌。可是，在忙碌之中，大家也不能忘了给我自己一些时间放松。就像一直绷紧的琴弦，时间长了，也是会断掉的。人，也是一样，在长时间的忙碌焦虑不安的状态中迟早有一天，精神会崩溃。所以说，为了自己的健康，大家还是给自己一点放松吧！

还有很多人会问，放松的话就要很长时间，那样我们的事情不就做不完了吗？这些人给放松想得太复杂了。放松，可以是午后一杯茗茶，闲暇时静读一本书；也可以是餐后的漫步，清晨的锻炼；甚至可以是放空大脑，静坐一会儿。这些都是放松的方式，而这些，做起来也花不了很长时间。而且，适当的放松还有利于工作和学习。让人们在工作学习时更好地集中注意力，这样工作，学习效率就可以提高了。这样，大家就可以有更多时间去"relax"。如此一来，这就是一个循环：放松——提高效率——放松——提高效率。这样，岂不是极好的。

放松，既可以让我们从城市嚣喧中解脱出来，又可以提高效率，如此两全其美的方法，何乐而不为呢？让我们放松一点，去迎接美好的生活吧！

放松的感觉，真好

崔　嫒

　　临近科学考试，我的心也整天整夜地上下乱窜，为什么呢？因为科学是门新学科，我对它也有极大的兴趣，科学老师就觉得我是个学科学的好苗子，身边认识我的人都对我寄予厚望，希望可以在这次月考取得非常理想的成绩。

　　但有的时候希望越大，失望就越大。因为这几天背负着太多人的希望，我收下了来自老师的礼物："选择题一百道、填空题二百道、实验大题五十道"的周末不吃不喝豪华测试大礼包。尽管做了N多道各色各样的题目，但是每考完一张，总会有那么几道对我来说是送分的题，被我给潇洒地扔了出去，或者真的遇到不会的题而空着。有时候真是想去撞海绵了，明明已经把概念背得滚瓜烂熟，又做了那么多典型的题目，为什么还会有很离谱的错题！原本对月考有十分信心的我，如今就只剩下两三分了。

　　看到我每天近似颓唐的模样，渐渐地也有人来安慰我，让我放松一点儿。可是我脑子里一直有这么一句话：谁不想取得好成绩呢？不做题好成绩哪里来？距离考试只有一个星期了，说要放松，谁做得到？

　　但有的时候实在是太累，也只好歇下来读一些有关科学知识的书。在距离考试仅剩两天的时候，无意间看到这样一句话："学科学，光记得概念然后狂做题，是不可能取得优异的成绩。因为你总是会被一些看似简单的题目难倒，而变得烦躁，这样就会觉得科学越来越难学，考试也会考得很糟糕。所以有时候多去做做实验，既可以放松娱乐，又可以学到知识。"然后联系到自己最近的状态，和身边人士的话语，也许真的可以放松一下。

随后的几天，我开始读一些有关科学小知识的书和文章，也会在条件允许的情况下做一些简单的小实验。再看那些曾经做错的题，就觉得很简单了。

考试的时候，我突然发现心跳竟然没有之前准备考试那段时间快，很平稳。以至于在做题的时候，没有半点负思想，非常的放松。前面的填空选择做得很顺溜，因为每做到一道题都会联想到与之相关的知识、题目。最后的实验操作题，我像之前书里所说的那样，认真读题观察图例，不放过一丝细节。当我看到有一个实验居然和我之前做的实验几乎相同的时候，高兴得在心中拼命欢呼。

尽管卷子难度很大，但是我依旧心态随和地完成了整场考试。不出意外，取得的成绩很理想，扣分点也都在一些难度很大而且从没涉及过的题目上。

如果你做事情的时候放松一点儿，就会发现，其实事情也没有你想象的那么复杂，也会离成功，更近一点儿。

伙　伴

杨　梓

　　我的伙伴有很多，都和我关系很好，不过如果要问我最好的伙伴是谁，那肯定是我的同桌了，靠得近彼此熟悉嘛！她是个"小吃货"，但不算是"十足"的，顶多只有"九足"吧！因为她的英语很棒，所以我们经常在学习上互相帮助哦！下面，就让我带你们去认识我的伙伴兼同桌吧！

　　我的同桌一张小圆脸，几乎每天小酒窝都"微笑"着，泛出害羞的红晕，炯炯有神的大眼睛乌黑乌黑的，在白嫩小脸的映衬下，显得更加灵动。头发长长的，远远望去，就像柳树的枝条，美极了。最引人注目的就是那一双小巧玲珑的耳朵，帮助她倾听大自然的美妙。

　　别看她外表美丽，其实她本身也很可爱呢！

　　就比如说我们中午休息时，我盛完饭刚想趴在桌子上歇一会儿再吃，我的同桌就以地球人"不可拥有"的速度用勺子把我碗里好吃的统统抢走，等我准备吃时，才会发现碗里只剩下"一座空城"——白米饭了，而碗里的美食呢，则就像被扫荡过一样，不见踪影了。每当看到这副情景，我就会气不打一处来，只好去向老师添菜。幸好我同桌好长时间才会"扫荡"一次我的饭碗，否则我还真气晕过去了呢，哈哈……

不过虽然她是个"九足"的吃货，但她其实学习方面也很棒呢！

每当我在学校遇到不会做的"超难英语题"时总是第一个想到她，因为她英语很棒。不过她有时候也会炫耀一下哦！记得有一次，我和她在学校操场上玩耍，突然上空飞来一架直升机，轰隆隆的，她见自己炫耀本领的时候到了，便问我道："你知道直升机的英文是什么吗？"其实我是知道的，但看到她那期待我"求助"的眼神时，我还真有点"可怜"她呢，于是便假装不知道地说："我不知道，是什么呀？说出来让我长长见识呗！"她见我"不会"，立刻得意地说："哈哈，不知道了吧，是helicopter！"我故作惊讶，这时，上课铃响了，我们就回教室去了，这件事我瞒到现在都没有告诉她呢！

这个小伙伴又可爱又机灵，抢我饭时快、准、狠，不留任何痕迹，就是那么快！我的学校生活离不开她，她也离不开我，我们相互帮助学习上的难题。说到这儿，猜到我最好的小伙伴是谁了吗？她就是我的伙伴兼同桌——小彤——我最亲爱的好伙伴！

117

口　水

宋子涵

这个周末老师布置了一项作业，名字是用水组一个词写一篇作文。我相信大家写的都是泪水、汗水、苦水，雨水……可是我，另外又想到了一个词——口水。因为我是一个美食家，看到好吃的都会流口水。别人都说我馋，特别是见到好吃的肉，我就情不自禁地淌下口水。今天我要做一道销魂的梅干菜扣肉，让大家一起陪我流口水。

我按照网上的说法，先准备好了料酒、生抽、老抽、肉、干菜……先把干菜洗干净，然后把水沥干，放在锅里炒一炒，放上料酒、糖、老抽、生抽。再把洗好的五花肉、葱、姜、料酒，放在锅里煮20分钟，然后放凉，每面都要抹上白酒和老抽。再一次放入油锅里油炸，炸到两面呈金黄色，再放入冷水里冷却，然后切成厚片，把皮向下排好，上面铺上炒好的梅干菜，整齐地放在碗里。然后上锅蒸一个半小时，蒸好以后拿出盘子，盖在碗上面，把多余的汁给倒下来，把在碗里的梅干菜扣肉倒扣在盘子上。一碗梅干菜扣肉就做好了。

快蒸好的时候，满屋飘香。我的口水就情不自禁地流了下来！我的爷爷在房间里问这是谁做的？什么菜？这么香！我骄傲地跑过去对爷爷说，平时都是你们让我流口水，今天我要让你们流口水！我刚在网上学了一道让人销魂的梅干菜扣肉，你们来尝尝怎么样！当肉端上桌的时候，我立马拿起筷子，吃了一块肥肉，嘴里还说着"我要吃豆腐，吃豆腐。"那肥肉真的就像豆腐一样嫩，爷爷奶奶吃了一块。一边吃一边说："嗯嗯，不错不错我的孙子会做菜了，这次真的要让我流口水了。"

怎么样？朋友们，你能看到这篇作文会不会也流口水呢？

台　阶

李　响

　　最近看了一篇文章，叫《台阶》，其中有一句"台阶高，屋主人的地位就相应高"。这令我想到了学习。

　　如果在学习的道路上建起高高的台阶，不就能到达学习的顶峰，望得更远了吗？可说来容易，做起来难！每一层的台阶，都是要付出汗水的，都是要经过漫长的刻苦学习，打下坚实的基础，才可建成实现的。

　　在学校里的学习，课堂上的四十分钟也就是为建台阶做准备。认真听讲像是搅拌好的水泥，为了积累知识，掌握基础；勤做笔记像是搭建模具，为了牢固知识结构，梳理思路；勾画重点像是浇筑墙体，固定重点，方便以后查看。做到这些要点，通往学习顶峰的台阶已经初步搭建完成。

　　可是水泥还未完全干，一踏上去就陷了下去，这说明光在学校里学习知识，回家不复习，学习要点还是不能完全领悟。复习如同是反复加工台阶，追求完美，古人说："温故而知新，可以为师矣。"复习是查缺补漏，就像是时不时拍打刚砌好的台阶，以免有漏洞，防止失误，做到精益求精。

　　这样，上顶峰的台阶已完全建好了，就差一步了，为以后做准备，防止开裂。这就要我们走进社会，开阔眼界，读万卷书，行万里路，实践出真知。学习是个漫长的过程，学习是永无止境的，不仅仅只是课本知识，更重要的是课外知识。只有眼界和思维开阔了，才能探索出更多的新知识，超越自己学习上的台阶。

台阶处处都是，可是心中的这级台阶，这级登上学习顶峰的台阶，这级超越自我的台阶，是付出才能换取的。一分耕耘一分收获，只说不做，永远也无法达到自己心中的台阶，无法更上一级，无法拥有价值。

放飞梦想，激发意志，顽强拼搏，让我们一起登上学习顶峰的台阶，鸟瞰未来，行动吧！

成长的台阶

骆克其

一个都在行走;无论是上、是下，你都得过。一个人一生不能只单单经历成功或失败，也不可能出现这样的情况。当你遇到让你不顺心，不如意的事时，不要沮丧，不要失望，要勇敢地踏出第一步，踏上那一层，打破困难，通往成功大门的"台阶"。

玩网络游戏。一提到它，有些家长就咬牙切齿，恨不得马上变成一份"病毒"破坏所有网络游戏的服务器。我也曾过多的玩网络游戏。不过后来由于父母的真心劝导和自我的反省以及了解有关沉迷网络的危害的相关报道，我终于迈过了这一层"台阶"!我还记得这么一句话："玩网络游戏，其实是它玩你，而不是你玩它！"现在回想起来确实如此。所有的程序都是它设定的，所有的规则都是它制定的，一切都得按照它的意思去做，你无法、也无力去逾越它所设定的一切。你必须按照已经安排好的路去走。被牵着鼻子走，还要花钱给它充点券。

以我愚见：还是回归现实吧，做真实的自己！玩网络游戏真的太吃亏了。在游戏中最大的赢家不是你，而是它的"幕后控制者"！现实中有比网络里更精彩的"游戏"，在生活的游戏中，你虽然不能像网络里那样用暴力去发泄生活中的委屈，但是你可以去向家人或者朋友诉说来表达你心中的不平！网络虚无缥缈，不符实际，你无法抓住它；但现实中的亲情、友情等等，你却可以去把握它，无需钱，也无需过分的一切，只要你用真心去感受，就能觉得你仿佛得到了一切。世人总是爱把一些自己所铸成的错误推卸给别人，好像自己无辜似的。网络的沉迷不仅仅是自己个人的过失，其中也有家长的责任。网络并不可憎，可恨的是你没有决心去杜绝它，却说是网络的错！网络已是当今社会中的一部分，网络游戏也是它其中的一部分。所有的人都必将经过它的淬炼，炼出人生的感慨！经过它的洗礼，我们在生活中会更好地去面对各种困难，而它也将成为我们登上社会舞台的第一步"台阶"！

就像一首小诗所说"困难像弹簧，你强它就弱，你弱它就强。"只要我们有勇气，有毅力，有信念，有决心地去面对困难，你就一定能越过那道坎，登上更高的台阶，去看更大，更高，更远的世界。

特别的感悟

张泽栋

说到台阶，有太多的事发生在这之上，有的喜，有的愁，而台阶对于我来说，简直就是一个挑战。

每当我和我最好的朋友没事的时候，我们总会来到一个我们经常会去的地方，那就是台阶。我们教室旁有一处有十三级的台阶，我们经常会去那进行"stairs challenge"，这就是在一个对于七个台阶的高度向下跳，并且要平稳落地，这样就算成功。

在一个本该很平淡的日子里，我们来到这个挑战圣地，开始新一次的"stairs challenge"，使这一天深深地刻在了我们的心里。

我们很快来到了八级的高度，一开始看着这1.2米的高度，2.3米的跨度，我们的心里都泛起了波澜。紧张、幸福、激动，虽然害怕落地时摔倒，但也很想享受跳跃时刺激的感觉。我让我的朋友先跳，他前后摆了摆手臂，像要跳远时起跳的姿势，随后他便用力一蹬，成功地落在了平坦的路面上，脸上露出了得意的笑容。我看到他这么顺利地成功了，自己也什么都没想，跳到了地上。

接下来，我们要挑战九级，别以为只是多了一级的高度，这简直比8级的难度多了好几倍！

他一样是准备先跳，但是经过好几次的尝试，都没有跳跃的勇气。我在旁边看急了，就准备自己先跳。我走到了正中间，在旁边看和准备亲身跳的感觉真的非常不一样。我也深刻体会到了他心中的恐惧。我摆动着双手，双眼直直地盯着前方，一滴汗珠划过我的脸。随后，我纵身一跃，猛烈的风吹过我的全身，也在耳旁呼呼响着。此时时间仿佛停止了，除了呼呼的风声，一切都变得格外安静。伴随着我朋友的尖叫声，我的双脚接触到了地面，然后慢慢地弯曲，以免惯性伤害我的腿。在安全平稳地落地之后，我迅速转向在楼梯看傻眼了的朋友，对他笑了笑，我心中十分激动，并且充满了成功的喜悦，这次的跳跃让我永生难忘。

台阶，这个本该很平淡的东西却让我们玩得如此激情，它让我深刻体会到了跳跃的刺激以及成功的喜悦。

我 喜 欢

浣 石

在外婆家过暑假的那些日子里，我常坐在台阶上乘凉。

闷过了雨晴交替的7月，我便喜欢在做完功课后，带上两块钱，出门买几根冰棍，再穿过几户人家，过两座桥，自个儿奔到一两里外的树林边上。不为别的，就为了那十三级台阶。

雨后的空气格外潮湿。绿油油的树木因为叶尖上的露水而一闪一闪的，那苍翠的色彩仿佛能滴下来一般。不知名的小野花在草丛中羞赧地吐露着心声。周围安静得出奇，只听得到微风的飒飒私语。午后的太阳渐渐开始从云层里探出了一点儿头，阳光悄然从树叶的缝隙中钻了出来。

我甚至没有回头去望一眼那如画般的景色，而是"噔噔噔"——吃力地爬了两三级台阶后，转身拭去台阶上的露水，掏出怀里最心爱的《窗边的小豆豆》，静静地读了起来。

远处，传来了此起彼伏的蝉鸣声，潺潺流水声，为这片净土增添了几分风趣。那一刻，天地忽然变得很小，只剩下了我，书，和这暗青色的老旧台阶。时间仿佛已经定格。

斜阳浅照，万籁俱寂。

我起身拍拍灰，调转了身子，然后一级一级地往上跳。一级，两级，三级，四级。每跳一级，我都会回头望一眼，看看自己的足迹，似乎有什么意味，又似乎什么都没有。我就这样慢慢地，一步一步地爬上最高的一层，一阵成就感涌上心头。

时间不会为了什么而停下，倏忽之间又过去几个年头。我与台阶共度的时光越来越少，那仅有的片刻变得愈发珍贵。每每回到台阶上，总觉得无形之间有什么正在指缝间流逝，却怎么都抓不住。

又不知过了多久，转眼间，我甚至已经到了快要上初中的年纪，繁忙的学习生活让我有些喘不过气来。难得的国庆假期，抱着对童年时光的回忆，我再次来到了这个从前的小小乐园。循着熟悉的小路来到了这个地方，与从前不同，不需要费力地慢慢跨上阶梯，而是轻而易举地就走到了最高级，心中居然有些怅然若失。

没有蝉鸣，没有鸟啼，亦没有花与微风的私语。连那个孩子也不复存在。

我难过极了。

终于明白，那些拼命追寻的东西已经逝去，我想要的，不是这冰冷的台阶。

请记住那一抹暗香

何羽喆

清晨，湿润的空气中夹杂着一丝隐隐约约的清香。香气并不浓，但它的清，它的纯，似乎在不经意间已让人陶醉。

又是一年飘香时。在许多人的眼中，秋天是丰收的季节，但也是各种植物由盛到衰的季节。各种争奇斗艳的花朵开始在这个时候凋谢，但桂花，却在这个时节成长、怒放，努力地替代别的花，让香气在秋天里继续飘扬。

又是一年飘香时。每到这个季节，妈妈总喜欢打开窗户或在窗台插几枝桂花，让香气飘进家中的每个角落。而我，也总是闻了又闻，像是花儿吸住了我的鼻子，而且总觉得这是一种甜甜的味道。

"广寒香一点，吹得满山开。"大诗人杨万里就用这样的佳句来赞美桂花的清纯，朴实。而我觉得它清纯、朴实却又不失高贵、典雅。

只看树，就有许多看点，树冠并不高，枝干也不粗，碧枝绿叶，四季常青。叶子上也写满了高雅与不羁。无论是严寒还是酷暑，叶片上都缀满了生命的气息，似乎从来都没有屈服过谁。

而花，却十分与众不同，不如其他花朵大，却是小巧玲珑。有金黄色的，淡黄色的。它们总是一串串地聚拢在一起，分散在碧绿的树冠上。它的香气也独具一格，清新典雅，沁人心脾。这一朵黄色的小花虽不像其他花那样开得轰轰烈烈，但它香气甚远，说它香飘十里都不夸张。怪不得有许多文人都为它倾墨，为它赞美。

同时，它又很好地融入人们的生活。它是崇高、吉祥的象征，凡仕途得志，飞黄腾达者都被称为"折桂"，而人们生活美满，也被称为"花好月圆"。当然，"月宫仙桂"的神话也给世人以无穷的遐想。它还被用于食材：桂花糖、桂花藕、桂花酒等等，都是用它制作而成的，这也让人们一饱口福。

又是一年丹桂飘香时，看着窗前那几株开得正盛的金桂，真希望它永远茂盛，香气扑鼻，沁人心脾。

它就是桂花，虽是一种植物，更是一种精神。植物长寿，精神长存！

126

金秋入怀来

田入星

金秋十月，香味在大地上弥漫着。

十月是一年中最美丽的时刻。天空澄澈湛蓝，如同一面透明的镜子，淡然而绚丽。几朵白云悠闲地在天空中飘荡着，时不时俯着小脑袋，偷偷探望着人间的生活。太阳如同一个玩累的孩子，懒洋洋地躺在云层之上，贪婪地嗅着随空气飘来的缕缕幽香。

秋天是个成熟的季节。田野被铺上了一层五彩缤纷的画卷。高粱红如烈焰，棉花白如细雪，小麦金如细沙……在田野中微微漫步，一片片浓厚的醇香扑鼻而来。这香味正是最普通不过的粮食散发出的迷人气息，虽然不如花香沁人心脾，却给人一种朴实的质感。它们作为中华人民千百年前流传至今的传统主食，可以酿出醇香的美酒，令人欲罢不能；可以煮成散发清香的嫩白米饭，令人垂涎三尺。

　　说到秋，必不可少的自然是娇小可爱的桂花。道路两旁随处可见，高大的桂树呈椭圆形，翠绿欲滴的叶子在枝条上随风舞动，显现出无穷生机。在那一片片碧绿的桂叶下，隐藏着一簇簇金黄的小花朵。在阳光的尽情照耀下，洒动缕缕光辉，如同圣洁的仙子，灵动又迷人，可远观而不可亵玩焉。桂花的香味才是它引人注目的特点，每到秋天，城市就会被一股幽香笼罩，令人心旷神怡。人们在路边行走时甚至忍不住停止前进的步伐，驻足在原地大口喘息着，想让这香气在肺腑间来回穿梭。它就如同世界上最美丽的毒药，使人身不由己，尽情去享受香味的浓郁。凉爽的秋风中夹杂着淡淡的幽香，使人深陷其中，无法自拔。

　　相比于小麦的醇香，金桂的幽香，板栗则带来浓香。街头巷尾，炒板栗的火爆声不绝于耳，大锅中不断飘出的浓香刺激着人们的味蕾，不禁食欲大增。在瑟瑟的秋风中，闻着浓郁的香味，吃着才出锅的板栗，真是人生一大享受！

　　又是一年飘香时，香味愈加浓郁。

又是一年踩叶时

吴雨菲

殊不知，酷暑过得如此之快，又到了金秋送爽，丹桂飘香的季节。不知不觉，又入了深秋，空气清新，随着风送来一阵又一阵花香、果香。没错，这就是秋。

在我眼中，秋天，一直是最美的季节。它蕴含着成熟的瓜果，掉落呈红橙黄的叶片，芳香四处飘的桂花，孤傲怒放的菊花。而我最喜欢的，就是去踩落于地面的落叶。

叶片被风吹落，轻轻飘落在地面。一片接着一片。树虽然变得有些无趣，但是底下的落叶，会给它带来新的乐趣。我特别喜欢在秋天走一种路，这种路两边种着大树，中间空旷无车，树的底部有着扫不完的落叶。看着这种路，别有一番情意。我喜欢走到落叶上，轻轻踩踩它们，听着它们接二连三发出不同响度、音调的声音。其中，那种枯黄的、大大的叶子踩着声音最好听，踩一下它，就像吹了一下竹笛，拨了一下吉他，发出一种美妙的乐音。我也常弯下腰，捡起几片，堆到一起，然后用力地一踩，特别有满足感。当地上叶子多时，走路也会变成一种游戏——脚只能落在叶子上，落在地上就算输。接着，就会有一声接着一声清脆响亮的乐音从脚底产生。一直踩，踩到路的尽头，往后看，自己的全部脚印，都落在身后一丛丛落叶上。

这是一种独特的情趣，至少，我是这样认为的。每次在秋天踩落叶，都是一种享受。享受着秋风的吹拂，享受着吹来瓜果的香气，享受着奔跑的乐趣，享受着落叶发出的动听乐音。有时，心情不好，需要发泄，只需换上运动鞋在楼下踩一踩落叶，跑一跑步，再坏的事情也能烟消云散。心情好时，踩一踩落叶，则会让浮躁的心安静下来。这，难道不是一种享受吗？

又到了秋天，也就意味着又到了踩落叶的季节。在狂风怒号的晚上，我十分高兴。因为风，肯定会带来许多叶子。第二天一大早，我兴冲冲地披着衣服穿鞋子鞋带都没来得及系就跑下楼，看着满小区落叶，心里欣喜若狂。我飞快系好鞋带，奔向一大丛落叶。枯黄的叶片在朝阳的映衬下泛着金光，红色的落叶像是在燃烧。我跑过去，踩上去，跑起来，呼吸着清新湿润夹杂着树叶香气的空气。没有什么好烦恼的，听听落叶的声音，一片一片，一声一声，大脑放空，整个人都沉浸在秋天的落叶中。路，似乎也没有了尽头，一切都像梦境一般，美妙，梦幻，整个人都醉于其中……

又是一年踩叶时，又可以与大自然亲密地交流了。落叶，你们准备好与我嬉戏于秋了吧。

林黛玉，牵动我的情思

周雨菲

"满纸自怜题素怨，片言谁解诉秋心？"

刚读《红楼梦》时，我对黛玉印象不佳，觉得她过于敏感忧郁、经常无故流泪，与宝钗相比总是少了些大家闺秀应有的风度和气质。继续读下去，我竟然慢慢地被她出色的才华和人格魅力所吸引。我喜欢她吟诗作对时的满腹才情，喜欢她不随意迎合他人的清高孤傲的性格，更喜欢她不带一丝心机的天真和纯洁。

黛玉的身世令人同情，她虽生在官府之家，但小小年纪，父母便先后离世，过着寄人篱下的孤单生活。她常听母亲说，外祖母家与别人家不同……因此步步留心，时时在意，不肯轻易说一句话，多行一步路，唯恐被人耻笑了。她对周围的一切都很敏感，弱小的神经时刻在捍卫自己，这源于她自身的好强、反抗的性格她的嘴巴说出来的话像刀子一样，别人说她"好一张厉害的嘴。"她也只好如此做了。

黛玉的才华无人能及，她酷爱写诗，兴趣浓厚，以诗为乐，借诗抒怀。她经常挂霜披露，陪星伴月，吟诗填词，有时废寝忘食，通宵达旦，从中寻求生活的乐趣，弥补空虚的心灵。她的愁苦无人理解和倾诉，只有寄予诗中，加以宣泄。但是面对宝玉的玩世不恭、不知上进，她非但没有责怪的意思，反而大加袒护。其实，她是不喜欢礼教束缚，所以宝玉始终最为欣赏她，视她为知音。在她柔弱的外表里面，却带着对封建社会的科举功名的鄙视和唾弃。我最佩服她这一点！

黛玉的个性充满魅力，她天真纯洁、不带一丝心机。虽然她不劝宝玉考科举，可却耐心地教香菱吟诗，教给香菱知识。她并不反对学习知识和文学，只是厌恶功名罢了。她细心、耐心、全心地教香菱吟诗，为的是让姐妹们摆脱命运的束缚，这样的境界谁能够和她相比呢？

黛玉的命运是坎坷的，曹雪芹"一把辛酸泪"与她的泪流终日有太多的相似。她的纯洁，天真，不谙世事复杂，内心顽强反抗封建主义的王，热烈大胆在追求着自己的幸福。于是，她怀着纯洁的爱和对世俗的怨愤离开了尘世间，实现了她："质本洁来还洁去，强于污淖陷渠沟"的誓言。

伙伴"仔仔"

邱文欣

我有一个很要好的朋友，它的名字叫"仔仔"。

仔仔是一只小狼狗，刚刚满月。乌黑发亮的小鼻子，龙眉凤眼，毛色金黄，十分惹人喜爱。

仔仔最令我自豪的是忠诚而勇敢。

一次，我回奶奶家。奶奶家也养了一只狗，不过，这只狗野心勃勃，想把所有的狗占为己有，就叫它"野心"吧。

奶奶家没有小朋友陪我玩，仔仔也不知道跑到什么地方去了，我十分孤独。这时，仔仔回来找我了，我急忙向它跑去。可野心却甩着又细又长的尾巴，故意站在高处，用一种混合着威严而又友好的叫声，甚至还夹杂着一种献媚。我明白，野心是要把仔仔拐走。这种办法可灵了，如果是普通的狗早就被它驯服了。我不由得担心起仔仔来。这时，只见仔仔夹着尾巴连连后退，舍不得离开我。原来，仔仔到底是狼狗，具有狼的血统，生性多疑，已经看穿了野心的诡计。

突然，野心狂吼一声朝我扑来。顿时，我被眼前的情景吓得不知所措，呆头呆脑地站在原地，眼睁睁地看着它向我靠近。说时迟那时快，就在这危急的时刻，一声尖叫划破乡村的宁静。只见一个金黄的影子飞了过来，"砰"的一声撞开了野心。我揉揉眼睛，仔细一看。呦。原来是仔仔！

"它平时破天荒的蹿跳高度只有到茶几那么一点点，可今天怎么跳得比我还高呢？"我小声嘀咕着。可仔仔英勇的表现再次吸引了我的眼球。仔仔尽量躲避在开阔地，一会儿钻过椅子，野心追了过去，可没想到椅背很低一下子撞得它飞了出去；仔仔一会儿钻进一个废弃的兔穴，野心便笨拙地去刨土，直到听见仔仔得意的叫声后才闻声追去；不一会儿仔仔踏着凸起的砖头爬到堆满沙砾的屋顶，野心想依葫芦画瓢，仔仔就刨一些沙子下来，野心被沙子砸得睁不开眼睛，只好在屋底下干瞪着眼。

经过这么一番折腾，野心的信心锐减，失去了耐心，便企图趁仔仔吃狗粮时偷袭它。仔仔仿佛后背也长了眼睛似的突然蹦起来，一个转身张嘴就朝野心的爪子咬去。"呜——"野心发出一声惨叫，拔腿就跑。仔仔立刻摇着菊花似的尾巴颠颠地跑了过来。我看得目瞪口呆，一时竟失语了，过了好半天才反应过来。这可苦了仔仔，尾巴都摇麻了，嗓子也叫哑了，见主人没有回应，正伤心地啃石头呢。我一把抱起仔仔，又是亲又是笑，别提有多开心了。

这就是我最忠诚而勇敢的仔仔！我亲密无间的好伙伴！

坚持成就梦想

——读《西游记》有感

文　欣

今年暑假，我读了中国古代四大名著之一的《西游记》，它的作者是吴承恩。这本书主要讲了唐僧师徒四人历经九九八十一难，前往西天取经，最后修成正果的故事。

　　合上这本书，有些疑惑久久地在我脑海盘旋：取经路上，降妖除魔的明明是孙悟空，可坐轿享福的为什么是唐僧呢？唐僧看起来那么瘦弱，手无缚鸡之力，他是怎么坚持到最后，从而取经成功、修成正果的呢？

　　孙悟空一路上挥舞着金箍棒，驾着筋斗云，使着七十二般变化，降伏了无数妖魔。尤其是三调芭蕉扇那回。悟空找罗刹女借芭蕉扇，罗刹女不肯，把悟空扇到了小须弥山。悟空吃了吉灵菩萨的定风丹后再来挑战，变成苍蝇飞入罗刹肚中，上蹿下跳，弄得罗刹只好拿出一把假扇哄走了他。悟空得知上当后又变做牛魔王骗来真扇子，牛魔王又变作猪八戒夺回扇子。最后，哪吒太子用他的风火轮降伏了牛魔王，最后孙悟空借来了芭蕉扇。总之，孙悟空在西行途中立下了汗马功劳。

　　唐僧，一个向恶势力屈服的人。他一碰上妖魔，就吓得滚下马鞍，泪如雨下；离开徒弟，连一口素饭都无法捞到，以致悟空时时称他为"脓包"。他对那些口口声声要吃唐僧肉的妖魔，也想慈悲相待。"玄英洞唐僧供状"一回写他在妖精的威逼下，被唬得战战兢兢地跪在下面，只叫"大王饶命，饶命！"他有问必答，毫不迟疑，大泄悟空的底。为讨好妖精，他甚至当面骂悟空"不知好歹！"这样的唐僧真让人哭也不得笑也不得。

　　每到一个国家，国王都称唐僧为"圣僧"，称他的三个徒弟为毛头贼脸的和尚；每次国家有难，都是孙悟空去解决，事成之后，国王和老百姓一起向唐僧礼拜，还道"圣僧爷爷高明！"孙悟空却站在一边；明明功劳是孙悟空的，唐僧只在原地"阿弥陀佛"地念经，结果他却坐着轿享受着取经的成果，让我有些愤愤不平。难道这就是师傅的待遇吗？

请记住那一抹暗香

但细细想来，这个看似文弱的唐僧身上却有着一份可贵的执着精神。唐僧为了追求自己心目中的真理，明知西行途中"渺渺茫茫，凶吉难定"，仍毅然束装前行。女人国逼配，灭法国受阻，地灵县斋僧……九九八十一难没有挫败他取经的信念，美色与富贵也不能动摇他西行的决心。不管怎样，他都坚持去西天取经，只要前方还有路就继续向前，永不放弃。唯其如此，正是这一种坚持的力量才让那三个桀骜不驯的徒弟一意同行，排除路上的千难万险，直至实现他们的梦想。

坚持，是多么宝贵的精神啊！它能帮我们排除前进道路上的摩天巨障。我们在学习中定会遇到各种各样的困难，但相信只要坚持不懈地努力，再大的麻烦也能迎刃而解，最终到达成功的彼岸。

亲 情 相 伴

丹 妮

新年到，我和爸爸妈妈去外婆家拜年。每次回外婆家都会遇到许多亲戚，发生许多趣事，今年也不例外。

姨妈家有一位大哥哥，他聪明伶俐，活泼果断，还很帅。他的钱很多，一个月七百元。我非常喜欢他。刚好亲戚也在这时来探望外婆，于是我跟亲戚家的敏敏姐姐玩起了抓哥哥的游戏。

一开始情况并不好。我拔腿就跑，把哥哥赶到开阔地，可他像狐狸打洞似的往房门里钻。我不得不放弃追逐，关上所有的门，并仔细检查是否有漏网之鱼。忙了好一会儿，我转过来准备继续抓哥哥，来个"瓮中捉鳖"。正在我沾沾自喜之时，嗯？哥哥怎么不见了？我急得像热锅上的蚂蚁一样团团转。

突然，我听到一声惊天动地的欢呼，便闻声赶去。原来哥哥早已逃窜出来，此时还被敏敏姐姐逼到了菜园的死角，只需轻轻一扑，便可大获全胜。我和敏敏姐姐情不自禁地拥抱庆祝，一时竟忘记哥哥的存在。等拥抱完了，才发现哥哥跨过铁丝栏逃跑了！"哥哥向小河边跑啦！"我大叫。紧接着，我以迅雷不及掩耳的速度狂奔过去，把他轰到桥上。幸亏敏敏及时赶来。我们分头行动，堵住桥的两头出口，并缩小包围圈，然后把他抓起来。

太好了！终于把哥哥抓住了。我们迫不及待地拉着哥哥给大人们看。老天爷似乎都嫉妒我们，害得我被哥哥踹了一脚，险些让他逃跑。不过有舍才有得嘛，一点疼痛换来了胜利和安慰，也是挺值得的哦！

今年抓哥哥的游戏实在是太精彩啦！游戏中感受到的家人间的亲情更令我回味无穷！

寒假趣事

金 竹

要说寒假趣事，那一定是和我的新伙伴玩的事喽！

我家的院子里住着一只小狗，它是一只人见人爱的小动物，名叫

"仔仔"。它就是我今年寒假新结识的伙伴，也是我最要好的朋友。仔仔有一个乌黑发亮的小鼻子，龙眉凤眼，颗颗牙齿洁白如雪，毛色金黄，非常可爱。

一次，我抱着一个盆跑进院子，准备给仔仔洗澡。我把水倒进盆里，手拿刷子，大叫一声："仔仔！过来洗澡了！"仔仔平时很臭美，一听要洗澡，摇着菊花似的尾巴颠颠地跑了过来，自觉地跳进盆中。

不一会儿，一只花蝴蝶飞了过来。仔仔立刻跑去捉。我赶紧抱着仔仔给它上泡沫，并哼起小曲，让它安静些。让我生气的是，仔仔不但不乖，反倒挣扎着奔去捉蝴蝶，在草地上留下了一长串白色的泡沫。我火了，上前踹了仔仔一脚。它滚出几尺远，委屈地呜咽着。不知是它生命太脆弱，还是我踹得太狠，仔仔趴在地上怎么也起不来。我见了之前的愤怒全部一扫而光，心头涌起一股无端的柔情。我心疼地抱起仔仔，澡也不洗了，毛也不梳了，衣服鞋子也不穿了，轻轻地抚摸它，安慰它。心想：仔仔对不起，顽皮是你的本性，我不该这么严厉地惩罚你，原谅我，好不好？

很快，仔仔又变得淘气起来，不时朝我"汪汪"叫几声，仿佛在说："这次我原谅你，如果你再欺负本宝宝，我可就不客气了啊！喂，说你呢！下次注意哦，听到没有？"弄得我又好气又好笑，真不知道怎么办才好。

这就是淘气的仔仔，我亲密无间的好伙伴！它给我的寒假生活带来了无限的乐趣。

爱上那片云

　　你看，植物的世界里真是奇妙无比。有一天，我在植物园里散步，在那里，我无意中发现了一颗小小的植物。妈妈告诉我这就是含羞草。我走近一看，它的叶片是碧绿的，由几十片细小的叶片组成，像一个织布的梭子，中间有一根连接叶片的叶茎，把细小的叶片串起。只要你用手碰一下它的枝杈，它就会害羞地包在一起，真像个怕羞的小姑娘。

母亲的手

汤 宁

母亲的手，洁净而略显粗糙，平凡的不能再平凡。

母亲的手，是一双勤劳的手。由于爸爸常年不在家，家里的活儿她一手包揽。买菜、做饭、洗衣服、拖地……她样样都要干。她的手由于常年劳动，已日渐粗糙。洁净的手上布着几道细细的裂纹，指甲盖已不像以往那样红润而充满血色。面对这一切她无怨无悔，含辛茹苦地把我养大。

母亲的手，是一双温暖的手。小时候，每当我从睡梦中醒来时，母亲就用她那双温暖的大手抚摸着我的面颊，那惬意的感受别提多舒服了。每当我犯错时，她总是用那双温暖的大手握住我的小手，慢慢地给我讲道理。温暖的感觉穿过指间，一直暖到心里。

母亲的手，是一双充满力量的手。小时候，去爸爸那里探亲，母亲总是拎着重重大箱子楼上楼下地跑。长大了，我能干活了，但逢有重的，母亲总叫我放下，让她来拎。当我遇到困难或因失败而心灰意冷时，母亲还是一如既往地握着我的小手，告诉我："你能行！"力量一下子汇入脑中，心中又燃起了希望的火苗。

母亲的手，包含着对我浓浓的爱与关心。上面的每一道裂纹，都记载着我成长的足迹。每当想起我的成长，心中就无比温暖，瞬间充满力量。这就是我母亲的手，一双勤劳、温暖、充满力量的手。

那一刻我流泪了

邹梓润

那是今年夏天里，发生的一个真实的故事。

六月，烈日炎炎。连知了都不得不停止它们嘹亮的歌喉，悄悄地躲在清凉的树荫下歇息，柏油马路上都被晒出了"汗"。把鸡蛋放在太阳底下，不出一会儿，就可以敲开蛋壳享受"美味"了。而正是在那个如此炎热的季节里，发生的那个故事让我感动不已。

"哟！组长，今天兴致蛮好的嘛！"我大声朝着向学校大门走去的值日组长道别。"哪里哪里，好好看住郝某某，不要让他溜走了！"组长一边走一边对我叮嘱着。我立刻三步并作两步，急急忙忙地跑回班里。咦，郝某某呢？他不在教室里啊。难道他真被组长说准了，已经悄悄地溜之大吉了！

我急忙又走出教室，远远望去。咦，那不就是郝某某吗？真怪，他咋跑那儿去了，手上还拿着扫把？走，跟上去看看。我就像他的影子一样，紧紧地跟在他的后面。天啊！他居然一直默默地帮助我们，帮我们把包干区的每一个角落又再一次地检查和清扫。我们班的室外包干区在大操场上，全是明晃晃的水泥地，一点树荫都没有。又毒又辣的阳光下，汗水从他的额头上滴下来。他满不在乎地擦了擦继续干着，干得那么起劲，那么卖力。怪不得，最近我们包干区一直那么干净整洁呢！在我和同学们眼中是差学生的他，原来一直在默默无闻地帮助着我们整个班集体。包干区打扫得干干净净之后，他终于回班了，紧接着又把教室里的桌椅排得整整齐齐。在那一天那一刻，我看到了他勤劳善良的那一面。夕阳西下，他背着书包走路的影子，被拉得长长的。看着他的背影，那一刻，我流泪了。

一个星期之后，又到了每个月公布卫生评比结果时候。我们一个年级13个班，只颁发一面"卫生奖"的流动红旗，竞争十分激烈。当得知我们班被评上了，全班都欢呼雀跃起来。我忍不住把目光转向了郝某某身上。在不经意间，我捕捉到了他嘴角那一丝丝甜甜的微笑……

难忘的露营

卢韵筱

今年暑假，我和我的小伙伴一起去溧水露营，度过了快乐难忘的一天。

这是我的第一次露营，我的心情非常激动。一清早，我们几家开车来到了郊区一个水库边，这里就是此次露营的目的地了。刚下车，我就喜欢上了这风景秀美的地方，青山绿水，丽日和风；草地上的野花儿，竞相开放，红的、黄的、紫的……空气中混杂着花草和泥土的芬芳。

等一切准备就绪，我和小伙伴们开始"一二三，不倒翁"的游戏，这个游戏是考验我们的反应能力和合作精神。我们每个人拿根树枝围成一个圈，有一个人喊口号"一二三"，大家就齐向前走一步，同时要抓住前一个人松开的树枝，连续不倒才算成功。我们分成了两组比赛，看哪组能获得最后的冠军。一开始，我们组配合不太默契，有的快有的慢，树枝总是抓不稳，渐渐地我们配合得越来越好，"一二三，一二三，一二三……"大家的喊声又响又齐。比赛结束了，我们二号小组以一分的优势险胜了一号小组，大家都兴奋地欢呼了起来！我们体会到了团结后胜利的喜悦！

到了下午，我们开始钓鱼了。我把鱼食小心地裹在铁钩上，放下水一动不动地等鱼上钩，可等了20多分钟，鱼也没上钩，我真想放弃，但想到晚上会有烤鱼吃，还是忍住了，心想："只要鱼钩动了，我就往上提，可能刚才太大意了。"果然，不一会儿，一条鱼就上钩了，虽然不太大，可我心里别提多高兴了！

傍晚，期待已久的烧烤终于开始了。爸爸们摆好烤架点上火，把肉串、鲜鱼、土豆、蔬菜……一串一串地放在上面，好丰盛啊！我看着美食，闻着香味，口水都滴了下来。终于可以吃了，小伙伴们一拥而上，你争我抢，大人们看着乐开了花。我一边大口吃着自己钓的鱼，一边躺在吊床上，心里美滋滋的。饭后，我们自己搭帐篷，没想到，那么小的袋子居然能装下这么大的帐篷。经过一阵手忙脚乱，我们的帐篷终于搭好了。

夜幕降临，几只萤火虫飞到我眼前，就像是从天上坠下凡间的星星，忽明忽暗，好看极了。我们钻进了帐篷里，讲着好朋友之间的小秘密。渐渐地，我的眼皮上下打架了，很快进入了甜甜的梦乡，那一晚我睡得可香了……

这真是一次美妙难忘的露营！

盼 望

陆奕辰

　　每个人心中都有自己的盼望，我也有一个小盼望——见到最喜欢的姐姐，带着她游一游南京城。

　　去年暑假，妈妈邀请在老家的表姐到我家来住几天，一听到这个消息，我万分激动。姐姐要来的那天清早，天还蒙蒙亮，我就醒了，一看钟才六点。我赶忙起床，穿戴整齐，洗漱完毕，迫不及待地冲到沙发上，等待着门铃响起的那一刻，打开门就能见到我喜爱的表姐。大概是我太盼望姐姐来了，所以觉得时间过得十分缓慢，挂在墙上的时针如同电影的慢镜头一般迟缓地运行着。

142

　　七点钟了，如果姐姐是早上五点出发，这时就要到了，一想到这里我不由得兴奋起来，从沙发上一跃而起，快步走到窗边，趴在窗口向远处眺望。时间如同被施了魔法一样，过得好慢，好慢，好慢。尽管如此，我内心因为盼望而激动不已，我的盼望就只需要这样一个小小的理由——就是为了见到姐姐，让我也像个小大人一样带着她四处走走。

　　八点钟了，还是没有见到盼望已久的姐姐。在房间里走来走去的我，渐渐变得焦急起来。"怎么还没到呢？明明只需要两个小时的路程呀？"我心里不停地唠叨。就在这时，门铃声响起，我飞奔到门口，欢快地打开门，大叫一声："姐姐，你终于来了！"但门全部打开之后，却是失望，原来门外站着的是晨跑回来的爸爸。我懊恼极了："爸爸，你出门怎么不带钥匙，害的我以为是姐姐，真是空欢喜一场。"说完话，我就失望地躺到了床上，对爸爸的话左耳进右耳出，根本听不进去。又过了十分钟左右，楼下传来了汽车的声音，还有人从车里下来说话的声音，我心想：是姐姐来了吗？跑到窗口一看，原来是楼下的邻居，他们连夜从老家回来，刚刚是他们到家的声音。

九点钟了，我又抬头看看钟，这大概是我第30次看这个钟，就像过了一个世纪一样漫长，我开始变得沮丧了。就在这时，楼下又响起了汽车的声音，这是第十次汽车的声音了，此刻我也没有心情去理睬啦，大概又是这栋楼上的邻居吧！门铃响了，大概是亲婆买菜回来了吧！我无精打采地打开了门，居然发现是我日思夜想的姐姐！我高兴地欢呼起来，和姐姐紧紧地拥抱在一起。

因为心有盼望所以快乐，因为心有盼望所以会坚持着，因为心有盼望所以等来成功时会心花怒放。做一个心有盼望并坚持着的人，你就会慢慢地幸福！

143

奇　妙

陆俊辰

细细回想，原来我的生活中充满了奇妙的色彩。

你看，植物的世界里真是奇妙无比。有一天，我在植物园里散

爱上那片云

步，在那里，我无意中发现了一颗小小的植物。妈妈告诉我这就是含羞草。我走近一看，它的叶片是碧绿的，由几十片细小的叶片组成，像一个织布的梭子，中间有一根连接叶片的叶茎，把细小的叶片串起。只要你用手碰一下它的枝权，它就会害羞地包在一起，真像个怕羞的小姑娘。而且，你碰含羞草的速度越快，它合叶子的速度就越快；碰的速度越慢，它合叶子的速度也会变慢。但过几分钟再看它时，会惊奇地发现，这株植物又伸开它那细小的身躯，恢复如初了，叶子的颜色也好像比原来更绿了。这真是太奇妙了！至于含羞草为什么会害羞，我百思不得其解，后来我总算在网上找到了原因。因为含羞草叶片内都是水，正常都处于饱满状态，可人一碰，水就会向两侧流，叶片一受到刺激，就会合并，然后将会把刺激信息发给别的叶片，接着其他叶片就也会合上，整个动作只需要几秒钟。看似普通的植物竟有这么奇妙的神经系统，让我赞叹不已！

你听，古诗的世界里真是奇妙无比。春天来了，我们一家人一起去玄武湖踏青，阳光明媚的天气让人心情格外的好，湛蓝的天空偶有几朵白云飘过。那天，柔软的柳枝在风中舞动身姿，湖面上时不时有鸟儿飞过，我不由得吟诵出"两个黄鹂鸣翠柳，一行白鹭上青天"的诗句。到了夏天，池塘里成片成片的大荷叶连在一起如同绿色的波浪，荷叶间一朵美丽的荷花亭亭玉立，此时我又想起"接天莲叶无穷碧，映日荷花别样红"的诗句。秋天如约而至，学校组织我们去栖霞山秋游，玩累的我们坐在一棵大树下谈笑风生，远处有一片火红的枫叶林，我不由得吟诵出"停车坐爱枫林晚，霜叶红于二月花"的诗句。冬天的时刻，我最喜欢下雪的晚上，因为经过那漫长的一夜，清晨打开门定是银装素裹的美丽新世界，真是"忽如一夜春风来，千树万树梨花开"……古诗竟然如此奇妙，它从静止的文字变成跳动的生命，在我身边轻轻走过，伴随着我的每一个春夏秋冬。

其实，我们的生活中充满了奇妙的色彩，只要我们拥有好奇心和求知心，细细观察，你也就会从生活中得到无与伦比的快乐和取之不尽的知识。

奇妙的旅行

梓　润

相信大家和我一样，都看过电影《哈利·波特》。很多人也一定想像哈利那样，拥有一根属于自己的、独一无二的魔杖。我也不例外，希望有一天能梦想成真。而这次的寒假出行，来到日本的环球影城，真的实现了我的愿望。

一进入环球影城，我就直接奔向最著名的哈利波特魔法世界。这是全亚洲的哈利迷最激动的所在，情景再现了哈利波特就读的霍格沃茨魔法学院。在奥利凡德魔杖店里，店员告诉我，有一些魔杖是有魔法的。我想到底是什么样的呢？于是我就央求妈妈让我选一根。在那么多种魔杖中，我一眼就挑中了一根桃花木的，上面雕刻了许多的纹路，花纹和花纹之间似乎流淌着神奇的魔法。

我根据地图的指引，来到了一个不显眼的烟囱旁，边念出咒语，边挥舞着魔杖。奇妙的事情发生了，烟囱的上方喷出了熊熊烈火。真的有魔法吗？我带着这个疑问来到了下一个地点。这个非常寒冷的街角，我念起了另一个咒语，盼望着奇迹的出现，成功了！一扇巨大的门缓缓打开。接下来，我又让飞球听我的命令，飞了起来；让箱子自己一个一个打开；让屋子里突然下起了鹅毛大雪；让充满音乐的地方瞬间安静了下来……通过一关一关的考验，最后我得到了自己的奖品—— 一张魔法通关证书。

街道的两边，还有很多奇特的店铺让我目不暇接。在丽痕书店，我看到了毛茸茸的会咬人的魔法书；在摩金夫人的长袍专卖店里，看到了熟悉的四个分院服装；在伊拉猫头鹰专卖店里，看到了会送信的可爱的猫头鹰们……当我走进预言家报社、斯拉格吉格斯药房、魁地奇精品店的时候，我真不敢相信自己的眼睛。这一切实在是太奇妙了！

这次的大阪之旅让我体会了"奇妙"的滋味，给我留下了深刻的印象。谢谢亲爱的爸爸妈妈，为我精心安排的旅程！

清晨的"战斗"

于 为

清晨，空气中弥漫着轻纱似的薄雾，我的心情十分愉快，但只是因为一句话就破坏了我清晨的好心情。

我刷过牙，洗过脸，去吃早饭，要知道，一天中我最不喜欢的就是吃早饭！我一看，这么多米饭，满满的一大碗！我的斗志立即没了，像泄了气的皮球，坐在那里一小口一小口地往嘴里送。过了一会儿，妈妈过来了，看到我这个样子很生气，吼道："于为，你给我好好吃饭！别给我磨时间，吃不完就不要上学！快吃，要是再让我看到你这个样子，有你好看的。"说完就气冲冲地洗脸去了。"啥？

吃不完就不能上学！不是吧？"但我怎么也吃不下，这无疑是我最不喜欢听的一句话！此刻我的心情很糟糕，没想到，这个时候奶奶也出来火上浇油："你看，你都瘦成杆子了，还在磨叽，早饭是最重要的……"听奶奶这么一说，妈妈又不知道从哪里冒出来，也加入骂战，就差没动手揍我了。

因为这件事，我已经抱怨了很多次，几乎每个早上都要被骂。平时骂的时候周围都是亲人，但是有一次居然当着我小伙伴的面骂我，让我颜面尽失。哎！我该怎么办呢？

那次，我家和我的好伙伴家一起去迪士尼乐园玩，第二天清晨，我们一起在吃自助早餐，我的好伙伴长得胖胖的，这下好了，我妈妈就一直不停地念叨，"你要多吃点，你看你瘦的，人家怎么就那么胖呢，因为人家早餐吃得好，营养好。"说完了便逼着我吃，我实在吃不下，妈妈便说："如果你不吃完早餐，休想出去玩。"为了能顺利出去，我只能告诉自己，吃吧，逼着自己吃，没过一会儿，"呜啊""哗哗……"吐了一地，喉咙也哑了！这时妈妈才放过我。

每个早晨，都会有一场激战在我们家进行着。我知道妈妈是为了我好，可是我还是不能接受这样的方法，他们根本不懂我们小孩子的内心！

秋　味

陈依诺

一提到秋天，我们就会想到落叶！今天，黄老师就带着我们来到学校的后花园，感受秋天的味道，上了一堂特殊的语文课！

我们首先来到了智慧园，站在一棵高大的梧桐树后面，树上的叶子已经纷纷变黄，可又不肯让绿色完全褪去，几乎每一片叶子都是绿色和黄色不规律地相间着，就像一个别扭的小孩，形成了与众不同的美！突然，一片梧桐树叶被吹了下来，依依不舍地离开了大树的怀抱！它飘落的样子简直似一只金黄的蝴蝶，优雅地随风舞蹈！我轻轻地将它捧起，这只美丽的蝴蝶一下子就变成了个小巴掌，叶子的四周微微翘起，十分有趣！叶脉在叶片上均匀地分布着，让你看得见，摸不透！我轻轻地闻了闻，一股淡淡的清香钻入我的鼻孔，用手一摸，叶片的表面又糙又厚，仿佛可以拿来写字了呢！

看完梧桐树叶，我们紧跟着来到了学校的小竹林！整片竹林好像感受到了秋姑娘的到来，有一部分竹叶已经换上了黄色的外衣，可是仍然有一部分还是翠绿动人！我捡到了一片外形翠绿的竹叶，它的生命还没画上句号，却因为秋风的顽皮而过早地离开了母体！仔细一看，竹叶上还留着晶莹剔透的露珠呢，也许这是它舍不得母亲而流下的泪水呢！竹叶的梗没有梧桐树叶坚硬，一捏就断了，还流出了浓稠的汁水，带着一股青草的香味，闻起来沁人心脾，心旷神怡！不注意时，还会被这"细针"划到双手，痒痒的，好不舒服！我高兴地将它夹进了我的本子里！这样好像将秋天也留在了我的本子里一样！

很快，黄老师便叫我们回班了，我收获满满！回到教室，我轻轻地翻开本子，里面夹杂着一片片美丽的树叶，或娇嫩，或枯黄，或翠绿……它们在自己的舞台上展现出了自己的风采，为秋天增加了一道美丽的风景线！我要留住你们——秋天的树叶！

失　　望

于楚涵

149

一天晚饭后，奶奶突发奇想，说："宝宝，明天我给你做鱼汤喝吧？"话音刚落，我便欢呼雀跃起来。

晚上写作业时，我心不在焉，耳边回荡着奶奶刚刚说过的那句话"宝宝，明天我给你做鱼汤喝吧"。奶奶做饭水平可是一流的，她做的鱼汤也一定很鲜美。我脑海里浮现出鱼汤的样子：鱼头又肥又嫩，洁白的鱼肉肥而不腻，鱼汤更是洁白鲜美，又香又浓，上面还飘着几片嫩绿的香菜，一颗颗油珠亮晶晶地闪着光芒。想着想着，我不禁咂咂嘴巴，一串口水竟掉在了作业本上。

第二天，我一大早就醒来了，起床后第一件事就是催奶奶赶快去菜场买鱼。奶奶看我猴急的样子，忍不住笑出声来。

奶奶买鱼回来，看着那条活蹦乱跳的小黑鱼，我眼里直闪光，恨不得它立刻摇身一变就成为一锅鲜美的鱼汤，好让我早点大快朵颐。

　　终于挨到做午饭的时间了，奶奶开始收拾小鱼准备做鱼汤了。我每过五分钟就跑到厨房张望一次，每次都要咽几口口水。时间过得可真慢啊，这次一定是做好了吧。我仿佛闻到了鱼汤诱人的美味，肚子也配合得"咕咕"直叫。我再一次冲进厨房，这才发现刚才的一切都是幻觉，小黑鱼还静静地躺在案板上呢！

　　终于，奶奶把鱼下到锅里了。我心急如焚地等待着鱼汤做好，感觉整整等了一个世纪。终于，鱼汤做好了，我不等奶奶把鱼汤端上饭桌，便如同一支离弦的箭，飞奔至厨房。飞奔中，我脑海中不断浮现出昨天构思好的鱼汤的样子。奶奶掀开锅盖，眼前的一幕令我大跌眼镜。鱼头汤和我想象的竟然大相径庭，没有肥美的鱼肉，汤也不是奶白色的，连一个油珠也没有。奶奶煮的鱼汤，肉已经煮碎，汤也清得能看到锅底，香菜也已经煮得发黄，简直让我食欲全无。刚才还"咕咕"直叫的肚皮也安静了许多。

　　我叹了口气，低着头默默走回房间去了。

秋　　味

黄婉祺

　　凉爽的秋天来临了，最活跃的当然是秋天的树叶。枫叶变红了，银杏叶变黄了，竹叶枯萎了。

　　我最喜欢的树叶还是枫叶，秋日枫树林里的枫叶变得火红火红的，远远地望去宛如一片片红色的海洋。站在枫树树下，抬头看枫树上的叶子就如同一朵朵染着红晕的彩云。如果从地上的落叶中捡起一片，你可以发现，树叶的形状很像我们的手掌，由四个岔口和五片细细的叶子拼合而成。枫树叶上的经脉也非常清晰，在枫树叶子的背面，我们可以清楚地发现一共有五根主茎和无数根小茎组成。五根主茎分别通向那五个"指尖"，像五根细长的柱子一般，似乎是想支撑这片树叶，让树叶完全展开，如同一把小扇子；而那些无数根小茎则一根比一根长，四通八达。

到了深秋，枫树的叶子由浅而深，先是浅红、然后大红、再是深红，慢慢变成了紫红，最后枯萎了，从树上飘落下来。不同时间观察枫树的叶子，都有不同。10月下旬的枫叶已经由深红变为紫红了。枫叶在风中摇摆，有的已经从枫树上飘落。飘呀，飘呀，快落地的时候又被一阵秋风吹起。有的被秋风吹得东倒西歪，像一个个喝醉酒的人在大摇大摆地走路。

枫树树叶开始飘落的时候，那番景象真是美极了。枫叶从树上飘落下来，如同红色的蝴蝶在天空中翩翩起舞。那些已经落地的树叶整整齐齐地铺在小路中央，仿佛给小路盖上了一条深红色的棉被，走在上面软软的，可舒服了。真想天天都能躺在这柔软舒适的"红棉被"上面休息。

我喜欢秋天那火红的枫叶，我叫它"红手掌"。秋叶，让秋天变得更加美丽迷人。

甜 蜜 蜜

荣 堃

"甜蜜蜜，你笑得甜蜜蜜，好像花儿开在春风里……"这首歌的名字就叫《甜蜜蜜》，我的家乡在山东烟台，那里是全国闻名的苹果之乡，一年四季都是甜蜜蜜的。

春天到了，苹果树上的花开了，雪白雪白的小花默默地在枝头绽放着，静静地散发着迷人的清香，就像还没融化的积雪挂在枝头。许多可爱的小蜜蜂被这香气吸引来，它们在洁白的苹果花旁载歌载舞，仿佛苹果树是它们天然的舞台。闻着清幽的花香，看着这繁忙的景象，我心里甜蜜蜜的。

夏天来了，苹果树上长出了好多小苹果，还只有樱桃那么大，身上还长着一层细细的绒毛。农民伯伯给每个小苹果套上果袋，可以防止农药直接喷洒在上面污染苹果，也可以防止鸟类去啄食。套呀套呀怎么也套不完，虽然劳动很辛苦可心里乐滋滋的，暗自在想今年一定是个丰收年，会有个好收成，心里甜蜜蜜的。

秋天到了，套了袋的苹果成熟了，香气四溢，全村没有哪一家不浸透在香气里。摘了袋的苹果金黄金黄的，晒了几天的太阳，脸蛋就变成红彤彤的了，好像秋姑娘在夸小苹果既可爱又漂亮，她羞红了脸。我和爷爷上山摘苹果，摘完以后爷爷奖励了我一个又红又大的，我咬了一大口，又脆又甜，从嘴里甜到了心里，心里甜蜜蜜的。

到了冬天下起了大雪，每家每户都团聚在家里，透过窗望进去全家人都围坐在温暖的炕边，边吃边聊。话题总是离不开苹果，谈着今年的丰收，再谈谈明年的远景，肯定也是个丰收年，因为"瑞雪兆丰年"嘛。

我的家乡一年四季都甜蜜蜜的，每家每户都充满了幸福和喜悦。

外婆，我想对你说

付昱博

153

有人说，亲情是在你生病时妈妈焦急的一个眼神，亲情是下雨时爸爸送来的一把雨伞。在我看来，亲情是外婆做的一碗蛋炒饭。

记得当时的我只有二年级。一次放学回到家，疲倦的我一屁股坐在沙发上，无精打采地拿起语文课本读起了课文。这时，外婆从房间走了出来，一看到我这副模样，心里很着急，还以为我生病了，"孩子，你没事吧？"她一边帮我量体温一边摸着我的额头。"我好饿……"我有气无力地回答道。外婆听了，紧锁的眉毛舒展开了，"我这就给你做你最喜欢的蛋炒饭，小傻瓜。"一听这话，我便从沙发上蹦了起来。外婆去炒饭了，我在沙发上耐心地等待，不知不觉睡着了，"饭好了，赶快吃吧，别饿着小肚子"，香味把我从梦里拽了出来，哇，映入眼帘的是一碗冒着香气的五颜六色的蛋炒饭，只见饭里的鸡蛋、豌豆、火腿都很诱人呐。我大口大口地吃着美味的蛋炒饭，一边吃，一边瞄了一眼外婆，她正用既劳累又关爱的眼神看着我。"外婆，你也一起吃。""不吃，外婆不饿。你慢慢吃，小心别噎着。吃饱了，才有劲做作业呢。"外婆拍了拍我的背。接着我又埋头吃起了饭，不一会儿就见底了。

自我在妈妈肚子里的时候，外婆就开始照顾我了，我喜欢她做的饭菜，喜欢她每天唠唠叨叨，喜欢她为我做的一切。随着我的个子一天天长高，外婆却一天一天变矮，之前都不明白这是为什么，现在终于明白，外婆把她所有的爱都给我们，背上承担着我们成长的负担，我们慢慢长大了，可外婆慢慢变老了。

外婆，我想对你说："你是天上最亮的星，照亮我成长，希望你健康长寿，一直陪伴着我们。外婆，你是我最爱的人！"

154

我吃了什么

汤李想

最近，我家养了几只小寄居蟹，它们在沙子里爬来爬去可爱极了。最神奇的是它们居然可以背动重量几乎是它们几倍的壳。它们究竟是吃了什么居然使它们那么有力量？如果是我吃了它们的食物是不是也可以拥有强大的力量呢？我决定去试一试。

在一个家里没人的午后，我偷偷跑进房间，找出小寄居蟹平时吃的食物，居然是美味的椰子片！那雪白雪白的椰片闻起来香喷喷的，看起来诱人极了。我迫不及待地抓起一两片塞进嘴里舔了舔，咦！怎么没味道？难道是夹心奶油味的？看来得嚼一嚼，啊！怎么这么苦，顿时，苦涩的味道在嘴里蔓延开来。这是什么啊，怎么那么难吃！但是，为了获得力量，我还是皱着眉头咽了下去。可是，我立刻就后悔了。

我为什么要咽下去呢？我本该把它吐掉的。听说苦的东西会有毒，那我会不会中毒呢？我不禁拍了拍我的肚子。这不拍还好，一拍还真把我吓一跳，咦！肚子怎么有点痛？是不是毒已经开始蔓延了？Oh！No！我不要中毒啊！我吓得躲进了被窝里……

没多久，爸爸妈妈回来了，我焦急地把刚刚发生的事情主动告诉了他们，他们笑着说："哈哈哈哈！傻小子，你怎么可能中毒呢？你看小寄居蟹吃了这些，不都活得好好的吗？没什么好担心的。不过，你也够馋的，竟然和寄居蟹抢东西吃！"

其实我也有点委屈呢！不是馋，只是想获得力量嘛！不过我心里的大石头总算落地了，真是虚惊了一场！我到底是吃了什么呢？我其实是吃了一堑，长了一智，以后不能在不弄清楚的情况下就盲目去尝试了。

我懂得了珍惜

沈乐怡

"哎哟哟，又把一个馒头丢掉了。"今天一大早，奶奶又开始了对我的"长篇大论"，只因为我把一个不好吃的馒头给扔了。"你还知不知道《悯农》这首诗啊？连我这个年代的人都知道，你还不知道？哎哟哟……"听着奶奶的"演讲"，我无可奈何地叹了口气，心里不服气地嘀咕："现在都什么年代了呀？又不愁吃穿，奶奶搞得还像大革命似的，一个馒头能唠叨一天。哎……"

可我只过了一天就懂得了要珍惜粮食。

那天晚上，我正睡得香。突然听见厨房里发出吵吵闹闹的议论声："我们赶快逃跑吧……""逃跑？"我一下子睡意全无。于是我下了床，躲在厨房的门后，打算看个究竟。可刚一伸头，就让我惊讶不已。早上我吃的那个缺耳朵的馒头正在冲着垃圾桶里的剩菜嚷嚷："我实在受不了啦！那个小屁孩儿烦死人了！我刚被咬了一口，就被扔进了very smelly的垃圾桶！""哼，谁让你不好吃呢！"我不服气地暗暗嘀咕着，接着又听见"少个耳朵"的馒头气急败坏地说："我们得把那个小屁孩最喜欢吃的鸡排也扔进垃圾桶，让她吃吃苦头，让她知道奶奶说的粒粒皆辛苦！""不要，不要，不要把鸡排扔出去，那是我考一百分好不容易才得来的奖励，我以后一定珍惜粮食！呜呜……"我大叫着，忍不住哭了起来。

"宝贝儿，该起床了，哎哟哟，你怎么哭了？是不是做噩梦了？"奶奶急切地呼唤着，我醒了。还好是一场梦，但还是让我心有余悸。奶奶出去后，我对自己说：要珍惜每一粒粮食！

"宝贝儿，来吃早饭了！"

"哦，来了！——又——又是馒头？"

"对啊！"

"哦，好吧！"……

从此以后，我依然不爱吃馒头，但每次我还是坚持吃了下去。你也要和我一样，珍惜粮食哦！

小 淘 气

顾静宜

　　一身深灰色和深棕色相间的美丽皮毛，一双水灵灵的大眼睛，这就是我们家的掌中宝———一只小猫咪。

　　那深浅布艺的花纹就像一件华丽的新衣。又大又圆的头上顶着一对尖尖的大耳朵，水汪汪的大眼睛，好像在它眼睛里面放了不少颗晶莹剔透的钻石一样。粉红色的小嘴巴一张一合的，好像正在品尝什么美味。

　　虽然它长得一副萌萌的可爱面孔，其实它可是一个名副其实的"小淘气"哟！

　　早上一打开房门，一眼就可以看见它。它摇头摆尾地领着你去欣赏它昨晚的杰作了：不是沙发上的抓痕，就是我的画上出现的猫爪印。反正，每天都会有大小布艺的"礼物"在等着你。

　　它还是一个令人哭笑不得的"小淘气"

　　有一天，当我还在睡梦中，突然听到阳台上传来"咚"的一声巨响。我立刻从床上弹了起来，心想：不好了，小淘气又惹麻烦了！想到这里，我立刻冲到阳台上。可阳台上并没有什么异常。突然，我发现一个正在移动的蓝色水桶。我用手一碰水桶，那个水桶便"叫"了起来，"喵呜！喵呜！"我一下就明白了，原来是小淘气打翻了水桶，被"关"在水桶里了。我轻轻地把水桶掀开了一条缝，它一下子就钻了出来，飞快向前跑了两步。然后小心地回头看了看那个水桶，慢慢地舔舔自己粉嫩的小爪子，洗了洗脸，就像什么事也没有发生一样慢慢走进自己的小窝里，甜甜地睡着了。

这样的淘气事情还有很多，虽然它很淘气，但是我还是很喜欢它。

燕子的命运

华 堃

"小燕子，穿花衣，年年春天来这里……"今年春天，小红又来到了乡下。

小红一来到乡下，便惊喜地发现房檐上那个小小的燕子窝，里面又多了几只小雏燕，呼……一阵顽皮的风儿吹过来，把一只小燕子给吹掉下来了！

"叽！"小燕子凄厉的惊叫声惊醒了一旁熟睡的猫咪。猫咪睁开眼睛，打了个哈欠，伸了个懒腰，见到了地上的小燕子。它的眼睛立刻闪耀出惊喜的光芒："哇，我的早饭有着落了！"一边想一边舔了舔自己的舌头，眯着眼睛站起来，把身体向后仰了仰，不慌不忙地朝小燕子走去。

小燕子害怕极了，拍打着又小又嫩的翅膀，绝望地叫了两声，向小红望去。小红看着猫咪淌着口水贪婪地望着小燕子，非常生气，拿起旁边的扫把，就想向猫咪砸过去，赶走它。可是她刚把扫把举过头顶，突然想起了小猫咪小时候就是她的玩伴，陪伴她在外婆家中长大："我不能为了救小燕子，就把我的玩伴打伤呀，可是，又有什么办法让它不吃掉可怜的小燕子呢？"

　　猫咪就要靠近小燕子了！小红心里焦急万分，不知怎么办才好。她想，要不我来装小狗，把猫咪吓走吧。小红一边想着一边来到小猫咪身边，趴在地上，学着小狗"汪 汪"地叫两声。可是猫咪没有理睬，不耐烦地看了她一眼，摇了摇头，继续朝小燕子走去。眼看小燕子就要被吃掉了，小红着急了，拿起旁边的扫把，在猫咪面前挥了两下，猫咪朝旁边躲了躲，见小红停下了挥舞，又朝小燕子这边走来。小红有点泄气，她既不想打猫咪，也不想小燕子被猫咪吃了，怎么办呀？她一边想着，一边往嘴里塞着小鱼干，吃着吃着，她突然想到，这又咸又腥的咸鱼干不是猫咪的最爱吗？想到这里，小红欣喜若狂，赶紧拿起几片鱼干，放到猫咪的鼻子下晃了晃。哈，果然，猫咪顿时对着小红两眼放光——它忘了小燕子，它的最爱还是咸！

　　丢了几片鱼干给猫咪，小红飞快地跑回去喊爸爸拿来梯子，把小燕子小心翼翼地放回巢中，小燕子高兴地叫了两声，好像在感谢小红呢！

159

婆婆的拿手菜

王芊文

　　我们家的大厨婆婆非常厉害，只要是她烧的菜，没有人不赞叹的，而蟹黄羹则是婆婆最最拿手的一道菜。

　　蟹黄羹做起来可费事了，要先挑出蟹肉和蟹黄，再放豆腐、粉丝、香菜、白胡椒粉、姜、油和生粉等等，才能做出好吃的蟹黄羹。

　　因为做起来很麻烦，所以这道菜只有在有客人时才做。每次客人来，都点名要吃蟹黄羹，就像是专门为这来的。婆婆很得意，每当蟹黄羹上桌时，她都会故意把拖鞋踩得"啪嗒啪嗒"响，示意大家做好准备。这时正在说话的人停止了说话，正在看手机的人也放下了手机，大家都做好准备，准备在蟹黄羹上桌时多吃上几勺……蟹黄羹上桌了，金黄色的汤里带着蟹肉、香葱和豆腐，真是诱人啊！大家争先恐后地抢着吃，我也跟着狼吞虎咽，生怕不能再添一碗。蟹黄飘着香味，蟹肉入口即化，再加上又软又嫩的豆腐和鲜美的汤，简直就是人间美味！大家一边吃一边赞不绝口。

　　婆婆的好朋友彭老师也喜欢吃婆婆做的蟹黄羹，于是她就跟着婆婆学做蟹黄羹。婆婆很大方，把做菜的所有"独家秘方"全都告诉了她，可是她无论怎么烧都烧不出那个味儿。彭老师无可奈何，只好每逢过节请婆婆大厨去家里做。婆婆每次都乐呵呵地扛着锅，带着五花八门的自制配方，屁颠屁颠地去她家一展身手。哎！也不管我们一家子吃什么。

婆婆为什么能把蟹黄羹做得那么好吃？我想是因为她每一次都自信满满地用心去做，而且婆婆认为让身边的人吃到美味是一种乐趣吧，所以我觉得婆婆做出来的蟹黄羹可以得到"米其林三星"的美誉！真是一想起来就垂涎三尺啊！

婆婆最拿手的蟹黄羹现在已闻名于朋友圈，每一个吃过的人都感到既满足又幸福，我为家有婆婆大厨而骄傲！

江边落日

龚 轩

161

江边的落日如诗如画，尽管没有爬到高耸的山峰上感受落日的壮丽，可仍然别有一番韵味。

在这个蠢蠢欲动的春天，残留在不显眼的角落的几片"冬天最后一个吻痕"还是融化了。此时此刻碧蓝的天空与清澈的江水融为一体，反而有种冷冷清清的感觉。忽然，"工作"一天的太阳不那么精神抖擞了，它终于有节奏地下沉了一点儿，江与天顿时洒满了余晖，一束束粗细不均，像一条条巨龙，像一道道金鞭，为傍晚的舞台射下彩灯。

渐渐地，红日更加的鲜艳夺目，边缘清晰得如剪纸。它照在人的脸上，人们瞬间满面红光，变得更加精神了；它照在江面上，江水仿佛镀上了一层金子，变得更加闪烁了；它照在树荫上，树荫仿佛蒙上了红纱，变得更加通红了！刚刚还显得如此空旷，转眼间那如同一簇簇跳跃火焰的夕阳给大海抹上一层玫瑰酒，将世界照得通亮了。

时光如同指缝中的细沙，不经意间，它慢慢地流逝，夕阳开始慢慢地下沉。天！它竟然泡在江水里，只留一个笑嘻嘻的秃脑袋。一个火球竟然主动地靠近水了，水与火是不相融的。你无论如何也不会解出太阳在水中泡澡的谜底。我努力保持着一个姿势，身体一动不动，目不转睛地去看那团惊人的火焰，生怕那团火一转眼就熄灭了。

落日最终还是真的落下了，它在依依不舍中最终还是落下了，留下了无数的遐想。

夜色渐浓，一丝火红裸露心底，请给我一根藤蔓，我想上去看看那美妙绝伦的夕阳，那捉摸不透的夕阳。

162

泰　山　日　出

吴欣诺

慕名来到泰山观日。当我们从山下爬到山顶时，远处的雨雾早已有了淡淡的红色，我坐到石头上，目不转睛地盯住远处的那片红云，我知道：太阳就要出来了。

果然三、四分钟后，那片红云越来越红了，好像就要燃烧起来似的。周围的云似乎也被感染了，那红一层层地晕开。不一会儿，整个天空都火红一片了。这火红的一片也感染了我，刚才还在打着哆嗦，这会却似乎被热气笼罩着，渐渐舒暖起来。

　　渐渐地，远处出现了一弯圆晕，虽然不是很清晰，但是我知道，这是太阳要出来了。它羞答答的，就像一个不愿起床的孩子，慵懒地赖在被窝里。可毕竟是孩子啊，就在那某个瞬间，像被弹簧弹出似的，突然挺了一下圆滚滚的身体，露出了通红的脸庞。那山的轮廓、那树的枝干、那古寺的线条渐渐明晰起来，四周立刻被照亮了，而周围的云朵却渐渐暗淡下来，映衬得太阳那红扑扑的脸蛋显得格外红润。

　　这调皮的初阳啊，总是闲不住的，一眨眼的工夫，又悄悄地躲进了云层里，不见了踪影。正当我伸长脖子去寻找它时，它又从云层中溜了出来，还换上了一件金色的大衣。此时，天空渐渐明亮起来，周围的云彩也摆脱了太阳喷洒出的赤朱丹彤，在一碧如洗的蓝天的映衬下恢复了往日的风姿。太阳却又像小皇帝一样，不慌不忙地迈着悠闲的步子，走向它的龙椅……

　　泰山顶上，太阳的光芒照得晨露晶莹剔透，映得绿树格外葱茏。泰山观日，别有一番情趣。

承诺是块石头

闫陈效

　　承诺是什么？这个问题在我心中，一直都困惑着我。但直到一个下午——

　　"小闫，今天放学我想跟你一起走。可是我要留下来重写作文。

等等我吧，拜托！"放学的铃声响了，别人都兴冲冲地跑出教室排队，唯有徐志帆得留下。多可怜呐！"好吧！"我许下了承诺。"但你要快点！"又叮嘱了一句。

随着拥挤的人流，我走出了校园，到了家长等候区等徐志帆。三分钟过去了，我竟然已有些小不耐烦。"哎呀，不就才几分钟嘛，写作文不可能有多快的。"我这样劝说自己。虽然我管住了我的脚，但是我心里的脚却在做跑前预备活动呢！

几分钟又过去了，我心中的脚不断在加速。慢慢地，我开始埋怨了："重写作文不就是抄抄改改的事嘛！哪要这么长时间？还要人等！在屋里写作文还好，有事情做，还有风扇吹。可让人在炎炎烈日下，什么事不做，不叫人着急就怪了！"我气急败坏地撒腿就往家溜，可是承诺突然间变成了一块巨大的石头，实实在在地挡住了我的去路。

"滴答，滴答——"听到从不间断的手表声，好不容易煎熬过了十分钟。无可奈何，回去看看他总会好点儿吧？我立即奔回了教室旁，透过窗子缝进行"偷窥"。不看不知道，一看能跳百米高——天呐！才写了三分之一呀！"怎么能写得这么慢呢？蜗牛都比你快多了！"这心里呀，又开始滔滔不绝地埋怨了。

164

在余下的二十分钟里，我多次都想不管徐志帆，独自回家，可又每次都被承诺这块石头打消了念头。盼星星，盼月亮，终于，"吱——"门开了。

走在路上，徐志帆半开玩笑地对我说："要你等你还真等呐！真是够义气！来，赏你块石头！""那当然！承诺后就不能反悔啦！"我洋洋得意很有成就感，"可石头有什么用？"我使劲把石头往地上一扔。

出乎意料，竟然没有砸碎！我下意识地重新捡起它，若有所思：承诺是什么？不就是块石头嘛！它无论你如何千锤万凿，都依然纹丝不动，完好无损，坚固得很。

我的好妈妈

孙文佳

    我有一个好妈妈，从小到大，我的每一步成长，都凝结着妈妈对我的关爱和慈祥。

    在我很小的时候，有一次，我生病了，住在医院里。在那里度过的每一分每一秒都是妈妈在认真地照顾着我。每到晚上，妈妈就用她那慈祥温暖的双手给我洗脚。一次，我迫不及待地问妈妈："妈妈，你怎么不睡觉呢？"妈妈用亲切的语气对我说："傻孩子，妈妈要好好地照顾你呀！"

    那一刻，我真想也为妈妈洗洗脚，倒上一杯热茶，再为妈妈也捶捶背。那一刻，我感受到来自妈妈的关爱就像一股暖流流向我的心头。晶莹的泪珠从眼眶滑落，顺着两腮流下。我感觉心里充满了温暖的力量！

    你们说，这么好，这么令人开心、难忘的事情，我怎么能忘记呢？我更不会忘记妈妈对我每一分每一秒的关爱，我爱您！妈妈。我一定不会忘记你，我的好妈妈！

迷路的孩子

王萌萌

周末在公园散步，发现一个才六七岁的小孩子，一个人站在路口，好像迷路了。

这时，孩子看到一位老人，就跑过去吼到："老头儿，你知道公园二路怎么去嘛。"那声音十分刺耳，像乌鸦呱呱在叫。老人并没有回答，转身就走了。这是男孩很生气，对老人大骂。一个叔叔走过来对那小孩说："你怎么能这样对老人呢？"小孩恶狠狠地说："那老头儿都不给我指路，转身就走，你说我不骂他行吗？"叔叔笑了笑耐心地说："你如果再不注意礼貌，就算问遍全世界的人，也不会有人告诉你的。"叔叔说完，转身就走了。

小孩儿听了恍然大悟。他跑去问一位老奶奶，很客气地说："老奶奶，您好！您知道公园二路怎么走吗？"那声音如钢琴演奏的乐曲动听极了！老奶奶微笑着说："你坐28路过三站就到了。"老奶奶温柔的声音，像小河在流淌。小孩开心地说了声："谢谢。"就去坐28路回家了。

我看着眼前这一幕，感觉心里暖暖的，那个孩子，回家迷路了，有人指点，心灵"迷路"了，也有人指引，多好的结局啊。

图书在版编目（CIP）数据

落叶的1001种美/《语文报》编写组编．—长春：时代文艺出版社，2018.8（2023.6重印）

（"七色阳光小少年"全国小学生校园美文精品集萃丛书）

ISBN 978-7-5387-5953-2

Ⅰ．①落⋯ Ⅱ．①语⋯ Ⅲ．①作文－小学－选集 Ⅳ．①H194.4

中国版本图书馆CIP数据核字（2018）第152169号

出 品 人　陈　琛
产品总监　郭力家
责任编辑　曾艳纯
装帧设计　孙　利
排版制作　隋淑凤

落叶的1001种美

《语文报》编写组 编

出版发行/时代文艺出版社

地址/长春市福祉大路5788号 龙腾国际大厦A座15层 邮编/130118

总编办/0431-81629751 发行部/0431-81629758

官方微博/weibo.com/tlapress

印刷/北京一鑫印务有限责任公司

开本/700mm×980mm 1/16 字数/153千字 印张/11

版次/2018年8月第1版 印次/2023年6月第5次印刷 定价/34.80元

图书如有印装错误 请寄回印厂调换

全国小学生校园美文精品集萃丛

七色阳光
小少年

落叶的 1001 种美

《语文报》编写组 编

时代文艺出版社